最澄と徳一

仏教史上最大の対決

師　茂樹
Shigeki Moro

岩波新書
1899

はじめに

三一権実諍論とは

奈良時代から平安時代に変わったばかりの九世紀初頭、新都・平安京を見下ろす比叡山で、新しい仏教教団の運営に奮闘していた**最澄**《さいちょう》（七六六〜八二二）と、内戦の記憶も新しい陸奥国、現在の福島県の会津地方を中心に活動をしていた**徳一**《とくいつ》（生没年不詳）とのあいだで、仏教史上まれに見る大論争が戦わされた。この論争は、後に「**三一権実諍論**《さんいちごんじつじょうろん》」「**一三権実論争**《いちさんごんじつろんそう》」などとよばれるようになる。

「三一権実」とは何か。これを現代語で言い直せば「**三乗説**と**一乗説**のどちらが仮（権）＝方《ほう》便《べん》の教えで、どちらが真実（実）の教えなのか」ということになる。最澄は一乗が真実であると唱え、三乗は方便だと主張した。一方の徳一は、それとは逆に、三乗真実説をよりどころとしていた。このように正反対の考えを持った二人が対立し、論争したのが三一権実諍論である。

では、三乗・一乗とは何か。これを理解するには、インドまで遡る必要がある。西暦が始まる紀元一世紀頃、自らを**大乗**《だいじょう》（偉大な道）と称するグループが、仏教のなかで誕生した。彼らがどのような存在で、どのような活動を行っていたのかについては、現在でも研究者のあいだで様々な議論がなされているが、彼らに共通していたのは、それまであった主流派の教団（部派）の信奉する教義を**小乗**《しょうじょう》（劣った道）と貶称《へんしょう》し、新たな経典を作り始めたことであった。

主流派の人々にとって、人々に教えを語り、導くことができる**ブッダ**（仏陀、「目覚めた者」）は世界にたった一人、釈迦仏《しゃかぶつ》だけである。一般の修行者が目指すものは、あらゆるものへの執着を断ち切り、輪廻《りんね》から解脱することであって、それを達成した人は**阿羅漢**《あらかん》とよばれた。ブッダとは、すべての執着を断ち切るとともに、人々に教えを説くこともする存在であり、何十億年に一人しか出現しない例外的な存在であって、一般の修行者が目指すゴールはブッダになることではなかった。ブッダになるために長期間の修行をしている者は**菩薩**《ボーディサットヴァ》（「悟りを求める人」）とよばれたが、それもまた例外的な存在であった。

それに対して大乗グループの人々は、釈迦以外にも複数のブッダがいると主張し、また一般の仏教修行者もブッダになり、釈迦と同様に人々を教導する存在になれるのだと主張した。そして、釈迦の弟子とその後継者によって受け継がれてきた主流派の教義を**声聞乗**《しょうもんじょう》（教えを聞く者たちの道）とよび、ブッダを目指す修行者である菩薩の道＝**菩薩乗**とは区別した。二つの道と二つのゴールがあると考える**二乗説**である。後に、師から教えを聞くことなく独力で解脱する**独覚**《どっかく》（ひとりで悟りを開いた人）あるいは**縁覚**《えんがく》とよばれるゴールを指す**独覚乗**（あるいは縁覚乗）が加わって、**三乗**とする説が定着する。菩薩乗＝大乗、声聞乗・独覚乗＝小乗である。もちろんこのような分類は、大乗グループによる勝手な分類にすぎない。主流派（部派）の流れをくむタイやスリランカの仏教を悪意なく「小乗仏教」とよんでしまう人もいるが、現代においてはある種のヘイトスピーチにもなりかねないので注意が必要である（本書では、歴史的な用例として「小乗」という語を用いる）。

ともあれ、大乗経典が登場する以前は、釈迦は阿羅漢になる道を説いており、実際そのような内容の経典がたくさん残っている。なぜ、大乗仏教が登場する以前の経典には、ブッダになる方法が説かれずに、阿羅漢になる方法だけが説かれているのか。別の言葉で言えば、どうして異なったゴールを目指す三つの道（三乗）が存在するのか。大乗仏教においては、その問題の解決が大きな課題となった。

解決策の一つを提案したのが、大乗仏教を代表する経典の一つ、『**法華経**《ほけきょう》』（妙法蓮華経《みょうほうれんげきょう》）である。『法華経』では、釈迦が、声聞乗・独覚乗で修行をしている僧に対して、次のように述べる。「汝らの目指すべきゴールは阿羅漢ではなく、ブッダになることだ。汝らはいずれブッダになれる。汝らに小乗の教えを説いたのは、大乗に導くための**方便**（巧みな手段）だったのだ。三つの道というのは方便であり、本当は一つの道しかないのだ」と。さらに釈迦は、自身の生涯——小国の王子として生まれ、二十九歳で出家し、三十五歳のときに菩提樹の下でブッダとなって、人々を教化してきた――ですら、修行者たちを導くためのフィクション、方便であると告白する。実際には、非常に遠い過去に悟りを開いており、また寿命も永遠であって死ぬことはないのだ、と言うのである。この衝撃的な内容を持つ大乗経典は、鳩摩羅什《クマーラジーヴァ》（三四四～四一三または三五〇～四〇九）の名訳とともに東アジアで多くの信者を獲得し、生きとし生けるものはいずれブッダになれる、それこそがブッダの真意なのだ、という**一乗真実説**が広く信じられるようになった。現在、東アジアには多種多様な仏教教団、宗派が存在するが、その多くが「生きとし生けるものはいずれブッダになれる」とする『法華経』や、「生きとし生けるものにはブッダとなる素質がある（**一切衆生悉有仏性**《いっさいしゅじょうしつうぶっしょう》）」と説く『**涅槃経**《ねはんぎょう》』の説を信奉している。長年、東アジア仏教ではポピュラーだった思想である。

しかし、大乗仏教のすべてが同じ考えを持っていたわけではない。唐の時代、三蔵法師として知られる**玄奘**《げんじょう》（六〇二～六六四）がインドから帰国し、多くの仏典を漢訳する事業を展開すると、そのなかに書かれていた内容は、一乗真実説を信奉していた東アジアの学僧たちを大いに驚かせた。玄奘がインドで学んだのは、**瑜伽行**《ゆがぎょう》**派・唯識**《ゆいしき》**派**などと称される大乗仏教の一学派の思想である。『瑜伽師地論《ゆがしじろん》』『解深密経《げじんみっきょう》』『成唯識論《じょうゆいしきろん》』といった玄奘が訳した唯識派の文献――その一部は玄奘以前にも漢訳されていたのだが――には、すべての衆生《しゅじょう》（有情《うじょう》）がブッダになれるわけではない、と書かれていたからである。声聞としての素質を持つ者は、その修行を完成させれば、阿羅漢となり輪廻から完全に解脱するので、ブッダになることはない。菩薩としての素質を持ち、衆生救済を含めた長大な修行を経た者だけが、ブッダになれる。インドで主流派であった部派の存在を念頭に置けば、むしろこの考え方は突飛でもなんでもないのであるが、周りに部派があるわけでもなく、一乗こそが真実であり、一切衆生には仏性があると信じていた東アジアの人々には違和感をもって迎えられた。

では、唯識派は、『法華経』などを根拠にした一乗真実説をどのように解釈したのか。彼らは、『法華経』などに説かれる一乗説こそが方便であると解釈した。声聞乗をとるか、菩薩乗をとるかで迷っている修行者を、菩薩乗に誘導するための方便として「生きとし生けるものはブッダになれるのだから、菩薩として修行しよう」と説いたのであり、実際には素質によってゴールが異なる三乗説のほうがブッダが本当に説きたかった真理である、という**三乗真実説**を主張したのである。

唯識派の人々は、修行者の素質による違いを、家柄、血筋などを意味する**種姓**《しゅしょう》（ゴートラ）——現代でも使う「素性《すじょう》」の語源である——という言葉を用いて表現した。声聞としての素質を持ち、修行の結果、輪廻からの解脱を得る**声聞種姓**《しょうもんしゅしょう》、独覚になるための素質を持ち、同じく輪廻からの解脱を得る**独覚種姓**、菩薩としての素質を持ち、将来的にはブッダになる**菩薩種姓**である。これ以外に、複数の素質を持っているためゴールが不確定の**不定性**《ふじょうしょう》や、どの素質も持っていない**無性**《むしょう》がいるという。不定性とは、右で述べた「声聞乗をとるか、菩薩乗をとるかで迷っている修行者」のことである。このように生きとし生けるものを五種類に分類する思想が、唯識派のなかで徐々に形成され、それは後に**五姓各別**《ごしょうかくべつ》**説**とよばれるようになる。

①声聞種姓 ⎫
②独覚種姓 ⎭ …小乗 ⎫
③菩薩種姓 …大乗 ⎭ …三乗
④不定性（声聞・独覚・菩薩種姓を二つ以上持っている）…小乗もしくは大乗（未決定）
⑤無性（声聞・独覚・菩薩種姓をどれも持っていない）…小乗でも大乗でもない

菩薩種姓はブッダになるための素質のことであるから、一般に**仏性**《ぶっしょう》と言われているものと同じであるが、五姓各別説においてはこれを持つ人は一部に限られていることになり、**一切衆生悉有仏性**（生きとし生けるものはすべて仏性を持つ）という思想と対立することになる。つまり、五姓各別説は複数のゴールを認めるという点で三乗真実説と同じ立場であり、一乗真実説は一切衆生悉有仏性の立場と同じということになる。玄奘の弟子たちによって三乗真実説＝五姓各別説が紹介されると、従来の一乗真実説の立場からの批判が巻き起こった。

唐の仏教が日本に入ってくると、日本においてもこの相容れない二つの立場が激突することになる。その代表的な存在が、最澄と徳一である。玄奘の弟子たちが形成した東アジアの唯識派である法相宗《ほっそうしゅう》が、遣唐使などによって日本に輸入され、奈良時代にその理解が進展していくと、日本国内でも五姓各別説・三乗真実説に対する批判が起きてくる。逆に、奈良時代後半から平安時代初期にかけて日本に輸入された天台宗《てんだいしゅう》の一乗真実説を目にした法相宗の徳一は、三乗真実説に基づいてそれに疑問を投げかけた。そして『法華経』の一乗説こそが真実であると信じていた天台宗の最澄が、一乗真実の立場から徳一に反論し、それに対して徳一が反論し……という具合に論難が往復した結果、二人によって多くの文献が著されることになった。

以上が「三一権実」論争のアウトラインである。この後も、日本仏教の歴史のなかで、同じテーマの論争が繰り返されることになるが、その最初の盛り上がりが、最澄・徳一論争ということになる。

最澄・徳一論争をどう捉えるか

仏教思想史に親しみがない読者にとっては、ここまで述べてきたことだけでも充分に情報量が多いと思えるかもしれないが、実はこの三乗真実説（徳一）vs.一乗真実説（最澄）というような二項対立的な、単純な見方では、この論争を正確に捉えることはできない。現代の私たちの社会がそうであるように、古代の社会も様々な人間関係、宗教的・思想的ネットワークがからみあうなかで論争が起きるのであり、それを単純な二項対立に落とし込むことはできない。一見、対立する意見があったとしても、そのあいだには多くの中間的、折衷的な意見を持った人々が蠢《うごめ》いている。そもそも対立している当事者の二者に注目するからこそ、それ以外の立場は折衷的とか、周辺的などと評価されるのであって、視点の置き方によって対立の構造は変化する。

複雑なものを複雑なまま捉えようとするのは、簡単にできることではない。むしろ、複雑なものを単純化して、効率的に捉えようとする傾向は、ある意味、人間の知性の本質なのかもしれない。とはいえ、現代のSNSに見られるように、どのような問題であっても左翼vs.右翼、リベラルvs.保守、反日vs.親日、権力者vs.民衆といった単純な対立に落とし込んで理解しようとするのは、知的な(そしておそらくは倫理的な)怠慢である。

過去に起きたことを知ろうとする時、私たちは見取り図を必要とする。たとえタイムマシンがあって、過去のある時代、ある社会にタイムトラベルをすることができたとしても、その時代、社会のことを正確に理解することはできない。それは私たちが自分自身をふりかえればわかるだろう。私たちは現在、自分が存在している社会のことをどれほどわかっているだろうか。政治状況であれ文化であれ、どの程度把握しているであろうか。私たちは、テレビのニュース番組や新聞、ネットなどでまとめられている見取り図を使って、社会に起きていることを大雑把に把握することで、ようやく現代を知ることができている。

過去も同様である。日本列島で展開した仏教――これを本書では「日本仏教」とよぶ――の歴史をふりかえるとき、しばしば用いられるのは有名な人物を用いた見取り図である。曰く、飛鳥《あすか》時代には聖徳太子《しょうとくたいし》が仏教を弘め、奈良時代には聖武《しょうむ》天皇が大仏を造立《ぞうりゅう》し、行基《ぎょうき》がそれに協力した。平安時代に最澄・空海《くうかい》が天台宗・真言宗を創設し、鎌倉時代には法然《ほうねん》・親鸞《しんらん》・道元《どうげん》・日蓮《にちれん》といった人々によって「鎌倉新仏教」などと言われる運動が展開された……。読者の多くがこういった形で日本仏教の歴史に触れたのではないかと思われる。各宗派の創始者をはじめとする、日本仏教史上、有名な僧侶は、しばしば**祖師**《そし》とよばれて信仰の対象となり、また歴史叙述の中心にもなってきた。言い換えれば、祖師の思想を把握することこそが、日本仏教を知るときの見取り図となってきた。たとえば、本書の主役の一人である最澄については、それまで主流であった南都六宗《なんとろくしゅう》に代表される奈良仏教(平城京の大寺を中心とした仏教)に対して、空海の伝えた真言密教とともに新しい仏教を展開した、というような説明がなされる。

三一権実論争も見取り図の一つである。一乗と三乗、最澄と徳一、天台宗と法相宗という対立だけで、平安時代初期に起きた事件の全体を捉えようとしてきたのが、これまでの見方であった。本書は、こういった理解を否定するものではない。三乗真実説と一乗真実説の対立は、最澄・徳一論争における大きなテーマであるので、このような捉え方も、一つの歴史叙述のあり方であろう。

本書では、この見取り図とは別の新しい見取り図の提案を試みたいと考えている。先にも述べたように、最澄・徳一論争の文献（ただし、徳一の著作は、現在のところ、残念ながら見つかっていない）を紐解《ひもと》いてみると、三乗真実説vs.一乗真実説のような、単純な対立ではないことがわかる。最澄と徳一が強烈な個性を持った学僧であり、その個性があったからこそ、このような大論争になったことは間違いないであろう。しかし、この複雑な論争を理解するためには、最澄と徳一という二人、あるいはこの二人が学んでいた天台宗と法相宗という思想に注目するだけでは、理解することが難しい。

最澄・徳一論争の文献のなかには、唐や新羅《しらぎ》、そして当時の列島社会で展開していた仏教思想の様々な要素が入り込み、複雑で多岐にわたるテーマについての（現代人から見れば）煩瑣《はんさ》な議論に多くの紙幅が費やされている。特に最澄が自身の主張を正当化するために引用する多くの先行文献には、現在失われてしまったものも少なくなく、読み解くのにたいへん骨が折れる。さらに言えば、当時の仏教界に対する見方は、最澄と徳一でそれぞれ異なるし、それどころか最澄から見た徳一、徳一から見た最澄にもずれがある。こういった状況をふまえながら読み解いていかなければ、最澄・徳一論争の実態を把握することは難しい。

最初に述べたように、この論争は、現代では「三一権実」論争という単純化された形でよばれている。興味深いことに、このような見方を作り出したのも、実はこの最澄・徳一論争である。最澄と徳一が論争するなかで、複雑にからみあうコンテクストが徐々に単純な二項対立に収斂《しゅうれん》していくことになる。特に、論争の最中に最澄が提示した論争史の叙述は、まさに「三一権実」論争という枠組みを生み出したものであり、近現代の仏教学者が仏教史を把握する際のパースペクティブを規定してしまうほどの強い影響力を持った。「三一権実」論争とは、まさに最澄が提示した仏教史観によって規定された最澄・徳一論争の見方なのである。

その意味で私たちは、最澄の作り出した見取り図のなかにいる。本書ではその見取り図の形成過程に対しても、光を当てようとしている。それが最澄に対する批判だとするならば、本書は——不遜《ふそん》な物言いに聞こえるかもしれないが——最澄・徳一論争の続きをしようとしている、と言えるかもしれない。

目　次

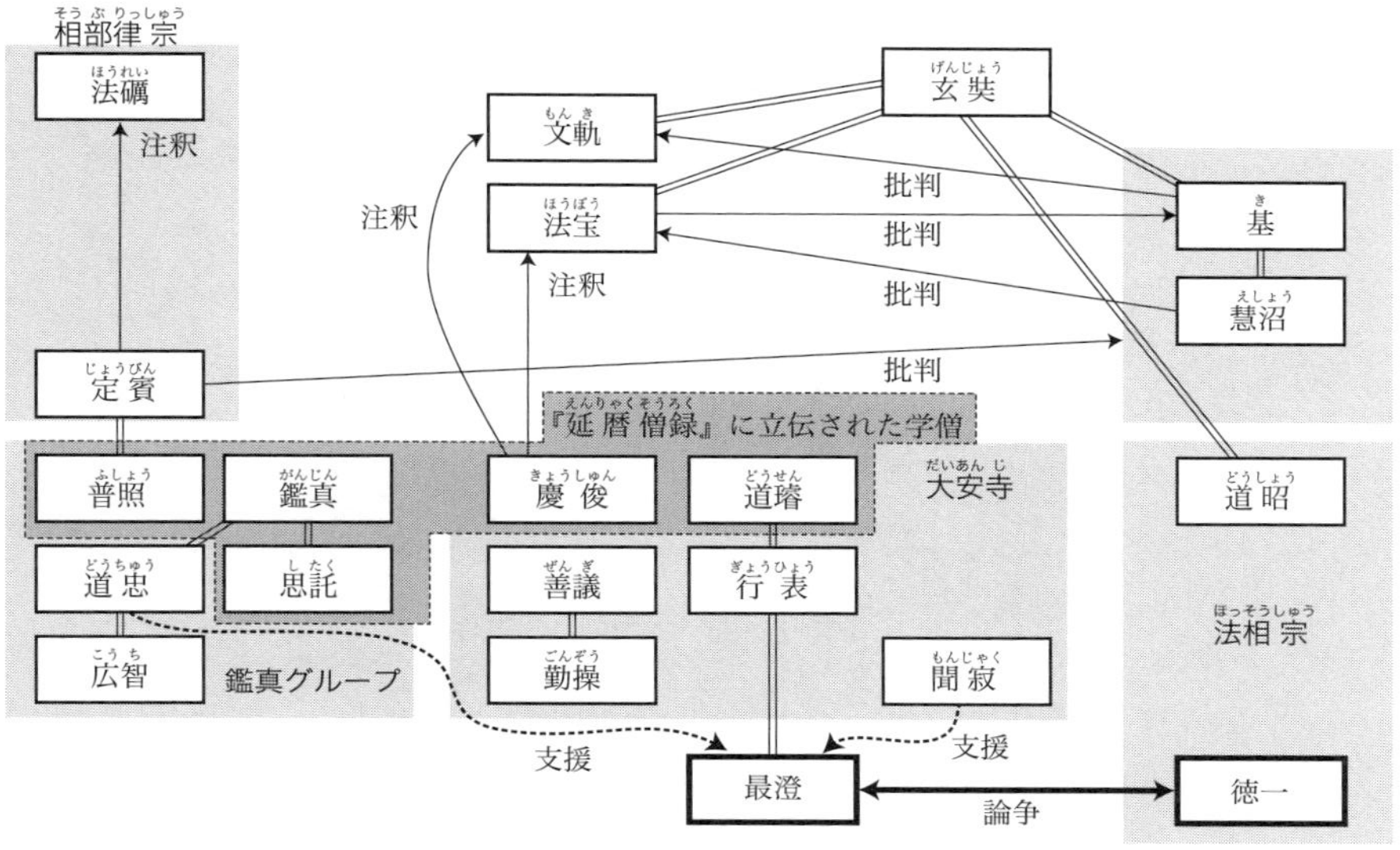

最澄・徳一論争をめぐる人脈図

この論争を読み解くためには，当時の複雑な人間関係を把握する必要がある（上半分は唐・新羅，下半分は日本を表し，＝は師弟関係を，→は思想的な影響関係を表している）.

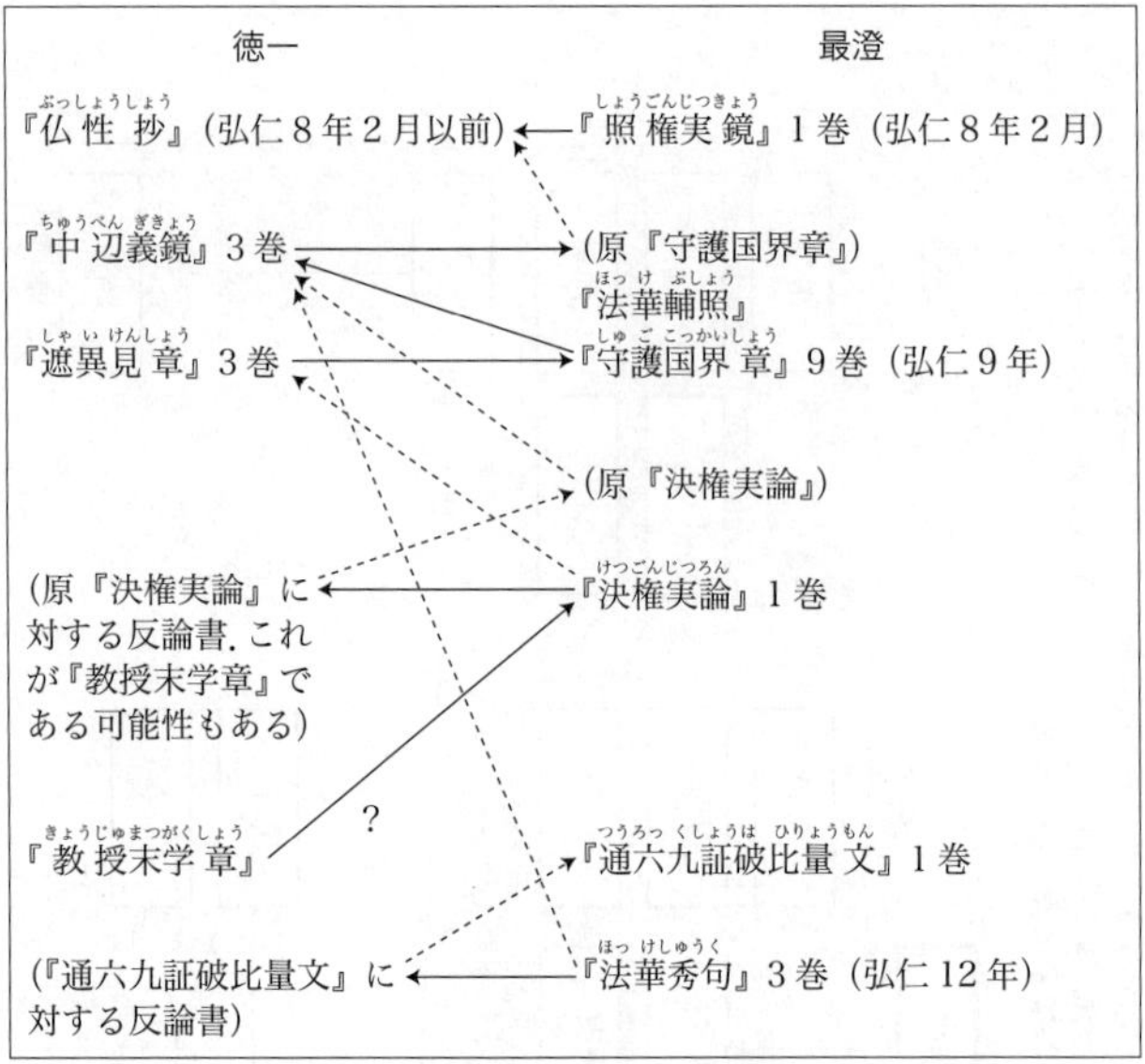

最澄・徳一論争の経過

現在わかっている最澄・徳一のあいだでの文献のやりとり.実線の矢印(――→)は対象となる文献を名指ししたり,引用したりしながら直接的に批判・反論をしていることを示す.破線の矢印(-------→)は内容上,批判・反論をしていると推定されることを示す.また,「(原『守護国界章』)」などのように(　　)でくくっている文献は,書名は知られないものの,存在が推定されるものである.

第一章　奈良仏教界の個性――徳一と最澄

1　徳一とは誰か――薄明のなかの相貌

限られた同時代史料

論争の中身に入る前に、論争の当事者である最澄と徳一が、それぞれどのような経歴の人物であり、どのような社会環境のなかにいたのか、歴史的な状況を確認しておこう。

まずは徳一である。高橋富雄『徳一と最澄』をはじめ、徳一については、後世に作られた伝記・伝承をもとに様々に語られてきたが、数少ない同時代史料に限ると情報が非常に限定されてしまう。しかし、現代の研究者も含め、後世の人々は、しばしば自分たちにとって都合のいい歴史を描いてしまうものである。伝承のヴェールの向こう側にいる徳一の実像を見通すことはたいへんに難しく、またそのヴェールはたいへんな魅力をもって我々を誘う。同時代史料が常に正しく、後世の史料が常に誤っている、ということはないが、ここではややストイックに、同時代の情報だけで徳一の相貌を捉える努力をしてみよう。

同時代の史料としてまずあげておきたいのは、**空海**《くうかい》（七七四〜八三五）が弘仁六年（八一五）、経典の書写を依頼するために「陸州《りくしゅう》徳一菩薩」宛に書いた書簡である（『高野雑筆集《こうやざつぴつしゅう》』）。空海はこのころ、下野国《しもつけのくに》（現在の栃木県）の広智《こうち》禅師など、東国で活動をしていた人々に唐から将来《しょうらい》した経典の書写を依頼しており、徳一への依頼もその一環であった。徳一宛の書簡のなかで、空海は徳一のことを次のように表現している。

> 聞くならく、徳一菩薩は、戒珠《かいしゅ》氷玉《ひょうぎょく》の如く、智《ち》海泓澄《かいおうちょう》たり。斗藪《とそう》して京を離れ、錫《しゃく》を振って東に往《ゆ》く。始めて法幢《ほうどう》を建てて、衆生《しゅじょう》の耳目《じもく》を開示《かいじ》し、大いに法螺《ほうら》を吹いて、万類《ばんるい》の仏種《ぶっしゅ》を発揮す。

　これを現代語訳すれば、だいたい以下の通りである。徳一菩薩は戒律を高潔に守り、深く澄んだ智慧を持っておられると聞いている。衣食住に対する貪《むさぼ》りを捨てる頭陀行《ずだぎょう》（斗藪）をするために「京」を離れ、東国へと赴かれた。そこで初めて仏法の旗（法幢）を立てて人々の耳目を開き、大いに法螺を吹き鳴らして、生きとし生けるものが仏となるための種子《しゅうじ》（仏種）を持っている、と教え伝えた。――空海はそう述べている。「法螺を吹く」というと、現代では大言を吐いたり、嘘をついたりする意味で使われるが、ここでは仏法を盛んに説く様を、戦場などで使われる大音量の出る楽器に譬《たと》えた表現である。「大法雨を雨《あめふ》らし、大法鼓を撃ち、大法螺を吹き、大法幢を建て……」といった表現は、当時盛んに読まれた『金光明最勝王経《こんこうみょうさいしょうおうきょう》』などにしばしば見られる表現である。この空海の美辞麗句に彩られた記述を、どこまで史実と見てよいかは難しいところであるが、少なくとも徳一がもともといた「京」から東国に移り、弘仁六年のころには**陸奥国**《むつのくに》(「陸州」)にいたことは間違いない。

陸奥国は七世紀ごろに設置されて以来、蝦夷《えみし》の土地を征服していきながら、徐々に北へと領域を広げていた。延暦二十一年(八〇二)、坂上田村麻呂《さかのうえのたむらまろ》が現在の岩手県奥州市に胆沢城《いさわじょう》という城柵を造り(『日本紀略』)、阿弖流為《あてるい》を降伏させた後、翌年には現在の岩手県盛岡市に志波城《しわじょう》を造っている。したがってこのころの陸奥国は、現在の福島県・宮城県・岩手県に相当し、かなり広い領域となる。

右の空海の書簡が出された数年後、徳一が最澄と論争をしていた弘仁八年(八一七)ごろから同十二年(八二一)ごろに書かれた最澄の著作のなかでは、徳一のことを「奥州会津県の溢和《いつ》上」(『守護国界章』)などとよぶ記述があるから、空海が指す「陸州」も、おそらくは現在の**福島県の会津地方**を指していたのだろう。

では、空海が言う「京」は、どこを指していたのだろうか。このころの「京」といえば、当時の都であった平安京のほかに、少し前の平城京や長岡京などが考えられる。しかし当時、桓《かん》武《む》天皇が南都寺院の新都への移転を認めなかったこともあり、仏教の主な拠点は依然として奈良(平城京)にあった。後に見るように、徳一が東大寺や興福寺《こうふくじ》の僧とみなされていたことも考えれば、空海が言う「京」は**平城京**と考えるのが穏当である。最澄の書いた『守護国界章《しゅごこっかいしょう》』という文献にも、「麁食者《そじきしゃ》(徳一に対する貶称)、弱冠《じゃっかん》にして都を去り、久しく一隅に居す」という記述があるが、この「都」も平城京と考えられる。

田村晃祐は、この最澄の記述から、平城京が「都」であった七八四年以前に、徳一が「弱冠」すなわち二十歳であったと考え、『守護国界章』が書かれた弘仁九年(八一八)ごろには五十六歳前後であったのではないか、と推測している(田村一九七九)。田村以前にも、徳一の生没年については様々な説が出されてきた(塩入一九三九など)。近年の研究では、『法相系図』という史料に「承和《じょうわ》九年維摩会《ゆいまえ》講師《こうじ》　同年六十二卒」とあることにもとづいて、徳一が天応《てんおう》元年(七八一)に生まれ、承和九年(八四二)に没したとする高橋富雄の説(高橋一九九〇)も一定の支持を得ている。ただし、この『法相系図』の記述は別の僧についての記述であって、高橋説を支持することは難しい(小林二〇〇〇A)。結局のところ、徳一の生没年についてははっきりしないのであるが、田村の推測する年代あたりが穏当なのではないかと思う。

徳一にはもう一つ、**常陸国《ひたちのくに》**にいた、という記録がある。江戸時代に編纂された『天台霞標《てんだいかひょう》』には、陸奥国司《こくし》や陸奥按察使《あぜち》などの役職を歴任した伴国道《とものくにみち》が、天長二年(八二五)、最澄の弟子である義真《ぎしん》と円澄《えんちょう》に宛てて書いたという書簡が収録されている。

また、京畿《けいき》(都の周辺)の近国では、ようやく妙《たえ》なる風(である天台の教え)が扇《あお》がれるようになったが、坂東《ばんどう》の諸国ではいまだにその教義を聞くことはない。これは、常陸の伝灯大法《でんとうだいほう》師《し》位にある徳溢が、空しく方便の教えにこだわり、いまだ真実に帰していないことによるものである。（「参議伴国道書」）

「徳溢」とは徳一のことである。最澄も徳一のことを「溢《いっ》和上」と表記することもあることから、徳一を「とくいつ」とよぶ根拠となっている（現在では「徳一」と表記することが定着しているので、本書もそれに従う）。

ともあれこの手紙は、最澄が亡くなった年（八二二）の直後に出されたものであるが、徳一は同時代の人に常陸国、すなわち現在の茨城県あたりで活動していた僧だと認識されていた、ということである。後世の史料でも徳一と常陸国を結びつける記述は多く、たとえば鎌倉時代に成立した『南都高僧伝』には、天長《てんちょう》元年（八二四）七月二十七日に恵《え》日寺《にちじ》から常陸国に着いて、常陸国の中禅寺《ちゅうぜんじ》を建立した、とある。また十四世紀の『元亨釈書《げんこうしゃくしょ》』にも「常州《じょうしゅう》築波山寺を闢《ひら》く」とあり、十五世紀の『神明鏡《しんめいきょう》』には「常州鹿島《かしま》の下、筑波山四十八ヶ所霊場を建立」などとある。このような背景もあってか、福島県と並んで、茨城県には徳一開基とされる寺院が多数あることが知られている（小林二〇〇〇B）。徳一が常陸国に移ったころの常陸守は佐伯清岑《さえきのきよみね》（七六三〜八二七）であるが、この人は弘仁《こうにん》二年（八一一）には陸奥守であったことから、徳一と旧知の仲であった可能性を指摘する研究者もいる（堀二〇一六）。徳一が常陸国でどのような活動をしていたのかは定かではないものの、佐伯清岑のような国司の地方支配と連動しながら、鎮護国家の法会や寺院建立などの活動をしていたと思われる。

徳一の使っていた言葉

徳一がもともと「京」にいたことは、徳一自身が書いた文章からも推測される。先にも引用した最澄の『守護国界章《しゅごこっかいしょう》』は、後に見るように最澄・徳一論争の主著であり、徳一の『**中辺義鏡**《ちゅうべんぎきょう》』を一々引用しながら批判をしている書物であるが、そのなかで徳一が**万葉仮名**で書いた文章が引用されている。これは、仏教経典の冒頭に書かれる「如是我聞」という定型句——釈迦に随行し多くの説法を聞いていたとされる弟子の阿難《アーナンダ》による「このように私は聞きました」という導入の言葉——を何種類かに書き下したものである。

現在では「如是我聞」を「是《か》くの如《ごと》く、我《われ》聞けり」のように書き下すが、徳一は次の六種類の読み方が可能だと主張する。

①許《こ》礼《れ》阿《あ》何《が》伎《き》伎《き》之《し》何《が》其《ご》都《と》之《し》(是《これ》、我《あ》が聞きしが如《ごと》し)
②伽《か》久《く》乃《の》其《ご》都《と》久《く》阿《あ》加《か》毛《も》都《と》爾《に》伎《き》計《け》(是《か》くの如《ごと》く、我《あ》がもとに聞け)
③加《か》久《く》乃《の》其《ご》都《と》久《く》伎《き》計《け》阿《あ》何《が》伎《き》伎《き》之《し》都《と》許《こ》呂《ろ》乎《を》(是《か》くの如《ごと》く聞け、我《あ》が聞きしところを)
④可《か》久《く》乃《の》其《ご》都《と》久《く》曽《そ》阿《あ》可《か》伎《き》伎《き》之《し》(是《か》くの如《ごと》くぞ、我《あ》が聞きし)

⑤可《か》久《く》乃《の》其《ご》都《と》之《し》曽《そ》阿《あ》何《が》伎《き》伎《き》之《し》都《と》許《こ》呂《ろ》曽《そ》(是《か》くの如《ごと》しぞ、我《あ》が聞きしところぞ)
⑥可《か》久《く》乃《の》其《ご》都《と》伎《き》乎《を》波《は》阿《あ》礼《れ》伎《き》伎《き》(之《し》)(是《か》くの如《ごと》きをば、我《あれ》聞きし)

このなか、たとえば③「是《か》くの如く聞け、我《あ》が聞きしところを」というのは、現代語訳すれば「このように聞きなさい、私が聞いたことを」ということであり、阿難《アーナンダ》が聴衆に命令する形になっている。「このように私は聞きました」という一般的な読み方とは、だいぶニュアンスが異なっている。こういった徳一の読み方(書き下し)を最澄は批判するのであるが、ここではその内容には立ち入らず、徳一の万葉仮名の使い方に注目してみたい。そこから、徳一の人物像が少しだけ見えてくるからである。

古代の日本語は、現代日本語のいわゆる五十音とは異なる音韻体系を持っていた。現在では一つの音になっている「キ」や「シ」などに甲乙二種類の音があり、それを万葉仮名で書く時に区別していたことが知られている。たとえば、甲類の「キ」を書き表す際には「支」「伎」「岐」などの万葉仮名が使われ、乙類の発音の場合は「幾」「忌」「紀」などが使われていた。これは一般に**上代特殊仮名遣い**とよばれているが、最澄・徳一が活動していた平安時代初期に急速にこの使い分けが崩れていくことが知られている。右にあげた徳一の万葉仮名による書き下しにも、「ト」の表記(「都」)などに甲乙の乱れが見られるのであるが、この乱れこそが、徳一が平安時代初期に中央の言葉遣いで『中辺義鏡』を書いたことを如実に表している。

さらに言えば、古代の日本語については、平城京などの中央で使われていた言葉と、東国方言との音韻、語彙、文法上の違いも明らかになってきているが、徳一の右の万葉仮名表記は、中央の音韻、語彙が用いられており、方言的な要素を見出すことはできない。ここから、徳一が中央で教育を受け、それを会津においても（少なくとも最澄に対して文章を書く場合には）使い続けていたと推測されるのである（師二〇〇七）。ともあれ、徳一が、仏典の漢文を中国語としてではなく、書き下しをして解釈していたことがうかがえる興味深い資料である。

徳一の出自

徳一が平城京周辺で教育を受けたことは間違いないとしても、身分や家柄などについてはまったくわかっていない。これまでしばしば言われてきたことは、恵美押勝《えみのおしかつ》ともよばれた**藤原仲麻呂**《ふじわらのなかまろ》（七〇六〜七六四）の子息とする説である。康和《こうわ》四年（一一〇二）ごろ成立した仮称『鳥羽殿番論議日記《とばどのばんろんぎにっき》』逸文に、「恵美大臣の子、恵日寺の徳一菩薩」とあることから、山岸公基は「一二世紀初頭の天台宗僧侶の間で徳一仲麻呂子息説が一定の説得力をもっていたのは事実であろう」と述べる（山岸一九九八）。さらに時代を下ると、十三世紀に東国で成立したとされる『私聚百因縁集《しじゅうひゃくいんねんしゅう》』では、「左大臣藤原ノ卿恵美ノ第四男」である徳一が空海に従って東国に修行したとあり、『南都高僧伝』（鎌倉時代）でも徳一は「恵美大臣の息」とされる。『尊卑分脈《そんぴぶんみゃく》』（十四世紀)では、徳一は藤原氏の系図のなかに名前を連ね、藤原仲麻呂の子息の一人とされ、六男「刷雄《よしお》」と同一視する説も記されている。

藤原仲麻呂は、よく知られているように、太政大臣《だじょうだいじん》にまでなったが、道鏡《どうきょう》(七〇〇〜七七二)らと対立していわゆる「藤原仲麻呂の乱」(七六四)を起こし、斬首された人である。一族が戦死したり処刑されたりするなか、刷雄は、天平勝宝四年(七五二)の遣唐使の留学生だった(『続《しょく》日本紀《にほんぎ》』)という経歴が考慮されてか、あるいは「少しく禅行《ぜんぎょう》を修するを以て」、すなわち仏教の修行(禅行)をしていたという理由のためか、死刑を免れて流罪にとどまり、後に許されて復帰、昇進もしている。刷雄の生没年は明らかではないが、残された記録からは概ね八世紀後半に活躍した人物と考えられる。刷雄が鑑真《がんじん》とともに唐から帰国したと考えられている天平勝宝六年(七五四)から、最澄との論争が始まる弘仁八年(八一七)まで六十三年もあり、仮に同一人物であればその時点で八十歳を超える高齢となってしまう。また、刷雄は延暦《えんりゃく》十年(七九一)に陰陽頭《おんようのかみ》(陰陽寮の長官)に任じられており(『続日本紀』)、それが史料上、最後の記録となるが、このような経歴の人物を「弱冠にして都を去」ったと言われる徳一と同一視することは難しい。

後世の人々、特に徳一と論敵関係にあった天台宗の人々は、徳一が辺境で一定の活躍をしていたとしても、出自や経歴が不明の学僧では、最澄と釣り合いがとれないと思ったのかもしれない。前近代(あるいは近代以降においても)の歴史叙述において、偉業を成し遂げた人物の出自を、それに似つかわしい出自に書き換えることはしばしば行われる。徳一が、遣唐使であった最澄に比肩させるために入唐僧とされ、法相宗を代表する興福寺《こうふくじ》の僧とされ、興福寺を氏寺《うじでら》とする藤原氏の一族とされたのも、そのような歴史実践の一例なのかもしれない。

徳一の学んだ学問——唯識

その著作の内容から見れば、徳一が**唯識《ゆいしき》思想**を学び、**法相宗《ほっそうしゅう》**に属していたであろうことは、容易に想像できる。法相宗とは、いわゆる南都六宗《なんとろくしゅう》の一つで、三蔵法師・**玄奘《げんじょう》**(六〇二〜六六四)がインドから伝えた唯識派の思想をその教学とする。

唯識思想は、瑜伽師《ゆがし》などとよばれる瞑想(瑜伽《ヨーガ》)修行を重視する人々(瑜伽行派《ゆがぎょうは》)が作り上げた思想である。初期仏教以来説かれてきた、対象を認識する心のはたらきを表す**識**《ヴィジュニャーナ》の役割を大きく拡張し、生きとし生けるものの生命活動や、それを成り立たせている環境世界などは、すべて識によって生じるのであり、識のみが存在する(唯識)と主張した。そして、初期仏教以来説かれてきた眼識(視覚)・耳識(聴覚)・鼻識(嗅覚)・舌識(味覚)・身識(身体感覚)と意識という六識に、認識主体と認識対象の一切を生み出す阿頼耶識《アーラヤ》や、すべての生命が持つ自我意識、自己保存本能などを生み出す末那識《マナス》を加えた**八識**説によって、緻密で浩瀚《こうかん》な哲学的体系を構築した。そのため**唯識派**ともよばれる。

最澄・徳一論争においては、唯識や八識といった概念が議論の中心となることはないが、「はじめに」で述べた五姓各別説《ごしょうかくべつ》は、現象世界で起きたことを阿頼耶識《アーラヤ》のなかに記憶しておく種子《しゅうじ》説をベースにしている。また、唯識派の文献には瑜伽行に関するマニュアルが多く含まれているが、徳一は天台宗が説く瞑想修行(止観《しかん》)の方法を批判するために唯識派の瞑想方法を提示し、それが最澄に批判されたりもしている。

玄奘がインドに唯識思想を学びに行ったころ、唯識派(瑜伽行派)は**中観派**《ちゅうがん》と並ぶ大乗仏教の二大派閥の一つだった。中観派は、龍樹《ナーガールジュナ》を祖とし、あらゆるものは存在せず、**空**《くう》であると主張する学派であり、識の実在性を強調する唯識派とは思想的に対立していた。後に見るようにその対立は、奈良時代から平安時代にかけて起きた日本の三論宗・法相宗の対立に大きく影を落とし、最澄・徳一論争が始まる大きな背景ともなる。これについては次章で見ることにしよう。

法相宗は、玄奘の弟子である**基**《き》(六三二〜六八二)を初祖とする。一文字の僧名には違和感があるかもしれない(「窺基」という表記もある)が、日本の研究者のあいだではこの一文字名が定着している。玄奘がもたらし、基が弘めた唯識思想は、その哲学的体系が広く学ばれた反面、特に〝すべての衆生がブッダになれるわけではない(一分不成仏)〟と主張する五姓各別説に対しては強い反論がなされた。最澄・徳一論争においても、基の著作は徳一の大きな論拠となり、最澄の批判対象となっている。基の弟子である**慧沼**《えしょう》（六四八〜七一四）は、基の学説を擁護する著作を多く著した。五姓各別説を擁護する慧沼の『能顕中辺慧日論《のうけんちゅうべんえにちろん》』は、徳一の著作である『中辺義鏡』のタイトルや、徳一が活動した慧日寺という寺名にも反映されている。

日本から遣唐使として派遣された学僧が、玄奘や、慧沼の弟子・**智周**《ちしゅう》（六六八〜七二三）に学び、法相宗が日本に伝わった。そのため、後の日本の法相宗では基―慧沼―智周という師資相《ししそう》承《しょう》のなかで確立された学説を正統（三祖の定判《じょうはん》）とするが、当時、玄奘に学び、唯識思想を研究していた人々は、唐・新羅《しらぎ》の各地に数多くおり、多様な学説が議論されていた。そしてその著作の一部は日本にも伝わっていた。奈良時代から平安時代にかけては、法相宗のなかで南寺伝（元興寺《がんごうじ》を中心とした伝承）と北寺伝（興福寺を中心とした伝承）という異なる唯識理解の系統があるなど、思想上の多様性があった。したがって、徳一が依拠していた唯識思想も、当時あった多様な学説の一つにすぎない。

最澄は徳一を批判する際、法相宗には「古法相師」と「新法相師」がおり、徳一が依拠する基などは前者なので従うべきではない、と言うことがある（『守護国界章』）。同じように、インドや中国には「悪法相師」と「善法相師」がいて、『法華経』の一乗説を方便だ、という説に執着しているのは前者だ、と批判することもある（『照権実鏡』）。このような法相宗に新古、善悪があるという見方は、当時の法相宗の多様性を反映していた可能性がある。

出身寺院と師弟関係

法相宗は現代でも奈良の興福寺・薬師寺がその法灯を伝えているが、浄土真宗や曹洞宗などといった他宗と比べれば、その知名度は小さい。しかし、歴史をふりかえれば、藤原氏の氏寺であった興福寺は、特に古代から中世にかけて日本の仏教の中心の一つであり、そのため法相宗の教学も広く学ばれていた。徳一の活躍した当時も、法相宗は仏教界の中心勢力であった。現在のメジャーな宗派の多くが比叡山出身の僧が創設したものであり、すべての人には仏性がある、という最澄の考え方を共有している。そのためか最澄・徳一論争に対して、〝マイナー〟宗派の徳一が〝メジャー〟宗派の最澄に挑んだ、というイメージを持たれる読者もいるかもしれないが、実態としてはむしろ逆であったと考えるべきである。当時、日本の天台宗はできたばかりの新参であった。

ちなみにこの時代の「宗」は、現代の宗派とは異なり、教義そのものを指す。強いて言えば、〜主義や〜派、〜学派などに近い（本書ではとりあえず「学派」とよぶことにする）。各「宗」が学派として他の「宗」との思想的な違いをはっきりとさせてくるのは、最澄・徳一論争が始まる少し前の延暦十七〜二十五年（七九八〜八〇六）に成立した、国家が各「宗」で得度《とくど》（出家）させる人数を割り当てるいわゆる**年分度者制**《ねんぶんどしゃせい》においてである（曾根二〇〇〇）。ちなみに、徳一や最澄が出家をしたのは、この制度ができる前のことである。

また現代では、一人の僧は一つの宗派に属し、一つの寺も一つの宗に属するのが一般的であるが、当時は僧・寺・宗の対応が一対一ではない。複数の宗を兼学する僧や、奈良の東大寺のように六宗を兼学する寺院もある。では、徳一が「京」において所属していた寺はどこだったのだろうか。

同時代資料に徳一の出身寺院についての記述は見られないが、後代の史料を見ると、比較的古いものは徳一のことを「東大寺徳一」「東大寺得一」などとよぶものが多い（円超《えんちょう》『華厳宗章《けごんしゅうしょう》疏《しょ》并《ならびに》因明録《いんみょうろく》』九一四年、永超《えいちょう》『東域伝灯目録《とういきでんとうもくろく》』一〇九四年、蔵俊《ぞうしゅん》『注進法相宗章疏《ちゅうしんほっそうしゅうしょうしょ》』一一七六年など）。しかし、平安時代後期に書かれた『今昔物語集《こんじゃくものがたりしゅう》』の「陸奥国女人、地蔵ノ助《タス》ケニ依《ヨ》リテ活《イク》ルヲ得ル語」では「興福寺ノ前ノ入唐ノ僧、得一菩薩」とあるように、時代が下ると興福寺僧とする史料が増えてくる。また、十三世紀の『私聚百因縁集』は異説として興福寺・修因（修円《しゅえん》か）の弟子とし、徳一が神野《こうの》山《やま》（奈良県）で修行したと伝える。『元亨釈書』でも徳一の師を修円とする。また弟子としては、やはり『私聚百因縁集』が今与《こんよ》の名前をあげている。高橋富雄は『私聚百因縁集』を重視するが（高橋一九九〇）、残念ながらその裏づけとなる確実な情報は存在しない。

ちなみに、徳一が創建したとされる福島県耶麻《やま》郡磐梯《ばんだい》町の慧日寺の発掘調査では、金堂《こんどう》と中《ちゅう》門《もん》のあいだに、東西三十メートル、南北二十メートルの自然石を敷き詰めた広場が発掘された。これと同様の石敷きの広場が、奈良・興福寺の中金堂《ちゅうこんどう》の前面にもあったことが明らかになっている。この広場は、湿地対策のほか、興福寺と同じ儀礼を行うためであったとも推測されており、徳一が興福寺出身であったことの根拠の一つとされている（磐梯町教育委員会二〇〇五）。

しかし、同時代の最澄には、徳一の学的系譜が不確かであることを指摘する、次のような発言がある。

もし短翮者《たんかくしゃ》（翼が短い者。徳一に対する貶称）が師の説を継承しているというのであれば、（私、最澄は）まだ（汝の）師から師へのつながりが、どのように日本に（その説を）伝えたのかを知らない。もし（玄奘に学んだ）道昭《どうしょう》や智通《ちつう》であるというのなら、古記《こき》のなかにある文章を示せ。もし（そのような文章がなく）古徳《ことく》による伝承（しかない）というならば、後学を信ぜしめるには不足である。もし比蘇《ひそ》や義淵《ぎえん》であるというならば、自然智宗《じねんちしゅう》であるから（師から）継承していない。短翮者がどうして（師の説を）継承していると言えようか。（『法華秀句』）

ここでは道昭・智通・義淵といった日本の唯識思想史の黎明期の人々の名前があがっている。いずれも一般に知られている名前ではないので、簡単に確認しておこう。

道昭《どうしょう》（六二九〜七〇〇。道照という表記も多いが、ここでは道昭とする）は、白雉《はくち》四年（六五三）に入唐し（『日本書紀』）、玄奘三蔵に師事し、禅定《ぜんじょう》（瞑想）を学んだという。そして帰国後は、元興寺

(現在の飛鳥寺)に禅院を建立したとされる(『続日本紀』)。最澄・徳一と同時代に編まれた『日本《にほん》霊異記《りょういき》』では、道昭の臨終の際の奇瑞《きずい》を紹介しているから、平安時代初期には伝説的な人物として知られていたのであろう。

道昭が玄奘から学び、日本に伝えた唯識思想は、どのようなものであったか。四〜五世紀にインドで唯識思想が成立して以来、東アジアにも段階的に伝えられた。そのなか、インド僧の**真諦**《パラマールタ》(四九九〜五六九)が翻訳した唯識文献は、菩提流支《ボーディルチ》(五〜六世紀)の翻訳とともに、玄奘以前の東アジアで盛んに学ばれ、日本にも伝わっていた。真諦や菩提流支の唯識思想と、玄奘がもたらした唯識思想とは、違いがあることが知られている。道昭が帰国してから、飛鳥寺本寺では真諦訳の唯識が学ばれていたが、道昭がいた禅院では玄奘訳の唯識が学ばれていたという(佐久間一九八三)。飛鳥寺の南東地域にある飛鳥池遺跡から発掘された木簡群のなかには、「多心経」「四種善根」といった玄奘訳の経論を予想させることが書かれた木簡もあれば、「四十心」「十解」といった真諦訳の用語で書かれたものもあり、飛鳥寺では両者が混在して学ばれていたことが推測される(竹内二〇一六)。

次の**智通**《ちつう》(生没年不詳)であるが、斉明《さいめい》天皇四年(六五八)七月に、沙門智通・智達《ちたつ》が、新羅船に乗って大唐国に渡り、「無性衆生《むしょうしゅじょう》」の教義を玄奘法師のところで学んだ、と記録されている(『日本書紀』)。「無性衆生」とは、玄奘訳の唯識思想によって広く知られるようになった「仏教的な素質がない衆生（無性）」のことであると考えられる。先天的に仏教的な素質を持たないので、どんなに修行をしてもブッダや阿羅漢《あらかん》になることはできず、永遠に輪廻《りんね》を繰り返すことになる。これが玄奘帰国当時の唐で大きな議論となり、また「一切衆生悉有仏性《いっさいしゅじょうしつうぶっしょう》」、すなわち生きとし生けるものはすべてブッダになる素質を有している、と主張する最澄によっても批判の対象となった。

道昭と智通に共通するのは、入唐して玄奘に師事したということである。最澄は徳一に対して、道昭や智通の系譜に連なるのであれば――言い換えれば、玄奘を経由して、インドまでその師資相承の系譜を遡れるのであれば、その証拠を文書で示せ、と迫っている。最澄自身は、ブッダである釈迦や盧遮那《るしゃな》仏《ぶつ》から、インド・中国の論師を経て、自身にまで連なる師資相承の系譜を当時の日本の仏教界にアピールするために、高僧伝などを引用した**『内証仏法相承血《ないしょうぶっぽうそうじょうけち》脈譜《みゃくふ》』**という文献を残している。最澄は、そのような師資相承の記録があるということが、思想や主張の正統性を裏づけると考えていたようである（これに関しては第五章で再びとりあげる）。

さて、次の「比蘇《ひそ》」とは、現在の奈良県吉野郡大淀町比曽にあった芳野現光寺のことである。芳野（吉野）という地名からもわかるように山寺である。徳一の属する法相宗でいえば、鑑真の弟子である思託《したく》が著した『延暦僧録』に**神叡**《しんえい》（?～七三七）が「芳野に入り、現光寺に依って、廬《いおり》を結び、志を立て、三蔵《さんぞう》を披閲《ひえつ》す」とあり、二十年の山林修行を経て「芳野の僧都、自然智《じねんち》を得たり」と述べられている。したがって、ここで最澄が言う「比蘇」も神叡のことであろう(薗田一九八一)。

自然智はしばしば、いったん聞いたことを忘れない能力を身につける虚空蔵求聞持法《こくうぞうぐもんじほう》と結びつけられることが多いが、本来の意味は文字通り「自然に生ずる智慧《ちえ》」のことであって、一般には無師独悟《むしどくご》した釈迦の智慧を讃える際に用いられるものである。最澄はこれを逆手にとって、入唐していない神叡や**義淵**《ぎえん》(六四三〜七二八)らを、師が誰だかわからない「自然智」とよんだのであろう。義淵については、後代の『元亨釈書』などに伝記があるものの、詳しい経歴はわからないが、『続日本紀』には仏教を教え広めただけでなく、内裏《だいり》に供奉《ぐぶ》して、高く評価されたとある(富貴原一九四四)。最澄が、神叡と並ぶ自然智を代表する人物として義淵をあげているということは、そのような評価が当時なされていたということなのであろう。

おそらく最澄の認識では、入唐して玄奘に師事した道昭や智通の系統と、入唐しておらず日本で独自に学んだ神叡や義淵の系統の二つが、当時の日本の法相宗における代表的な系譜であり、後者に対して低い評価をしていたと考えられる。徳一に対して、汝はどの系譜に属しているのか、と質問するということは、相手が答えに窮することを予想してのものであろうから、徳一の系譜は当時の人々にとって不明であった可能性がある。

当時の法相宗は、「南寺」と称された元興寺、「北寺」と称された興福寺のほかにも、薬師寺、西大寺、東大寺、法隆寺、大安寺などにも法相宗の系譜があったことが知られている（富貴原一九四四）。右の資料で最澄が名前をあげている道昭は元興寺（南寺）の法相宗の最初期にあたり、義淵は興福寺（北寺）系の法相宗の始まりとされるので、最澄の考える法相宗の範囲も概ねこの二寺が中心となっていたのであろう。

一方で、徳一の出身寺院の一つとされる東大寺には、入唐僧・明一《みょういつ》（七二八〜七九八）——徳一と名前が似ているのは偶然であろうか——や、平安初期に南北両寺の対立を記録した『法相《ほっそう》灯明記《とうみょうき》』の著者・漸安《ぜんあん》などが属していた（ただし『東大寺《とうだいじ》六宗未決義《ろくしゅうみけつぎ》』では、漸安は三論宗とされる）。興福寺が有力な法相宗の寺院であり、徳一の出身寺院の候補であることは間違いないが、現在の史料的な状況からは徳一の出身寺院を特定することが難しく、また同時代人からも学派的系譜がはっきり把握されていなかった、ということであろう。

東国で活動した理由

徳一はなぜ会津や常陸で活動したのか。第二次大戦前後の最澄・徳一論争研究を代表する塩《しお》入亮忠《いりりょうちゅう》（一八八九〜一九七二）は、後世に書かれた徳一の伝記などに基づき、①最澄を論破するため、という説（『本朝高僧伝《ほんちょうこうそうでん》』十八世紀）、②天告《てんこく》による、という説（『私聚百因縁集』十三世紀など）、③春日明神《かすがみょうじん》が法相宗を擁護する神であったから、春日とつながりのある鹿島明神のある常陸へ行った、という説（『神明鏡』十五世紀）、④恵美押勝の乱によって東国に配流されたから、という説（『諸嗣宗脈紀』十八世紀）をあげる（塩入一九三九）。塩入は④を「最も有力」とするが、先に述べたように徳一を藤原仲麻呂の子息とみなすことは難しい。また①〜③についても、根拠となる史料が時代的に隔たっており、宗教者・徳一をイメージする材料にはなるだろうが、どこまで史実と言えるかは難しい。

ここで注目したいのは、徳一と同時代、奈良時代後期から平安時代初期にかけて、畿内にとどまらず、東国で活動する官僧の例が、少なからず見られる、という点である。藤本誠は、承和二年（八三五）に東海道・東山道筋に浮橋・渡舟・布施屋《ふせや》などの修造を行った大安寺僧・忠一などの例をあげながら、弘仁六年（八一五）に空海が経典書写のために東国に弟子を派遣したこと――冒頭に見た徳一に対する空海の手紙は、まさにその一環であった――や、弘仁八年（八一七）の最澄の東国伝道（次章）など、官僧による東国布教活動が少なからずあったことを指摘する（藤本二〇一六）。

徳一による会津や常陸国での活動も、こういった官僧たちの東国布教活動の一つとして見ることができる。徳一が会津に布教に行ったことをうかがわせる表現が、冒頭にあげた空海の書簡に見られる。

斗藪《とそう》して京を離れ、錫《しゃく》を振って東に往《ゆ》く。始めて法幢《ほうどう》を建てて、衆生《しゅじょう》の耳目《じもく》を開示し、大いに法螺《ほうら》を吹いて、万類《ばんるい》の仏種《ぶっしゅ》を発揮す。

先にも述べたように「法幢」や「法螺」は盛んに説法することを表す。「衆生」「万類」とは、会津で徳一に教化された人々を指しているのであろう。どのように徳一が教化をしていたのかは想像するほかないが、そのヒントとなりそうなのが、徳一が活動していた九世紀前半に成立したと考えられている『東大寺《とうだいじ》諷《ふ》誦文稿《じゅもんこう》』と称される史料である。これは、奈良の官僧が地方で法会をする際の手控えのような史料であるが、そのなかに東国における官僧の活動をうかがわせる記述がある。ここには、東国に「毛人《えみし》の方言」「飛驒の方言」「東国の方言」を用いる人々がおり、もしブッダがいて彼らに説法をするとなったら、きっと「訳語通事」(通訳)のように、それぞれの方言で教えを説いたであろう、と書かれている。先に見たように、徳一は中央の言葉を使っていたから、通訳を介して会津や常陸国の人々に語りかける、というような場面もあったのかもしれない。

また、同時代の地方寺院では、『金光明経』などの転読、一切経《いっさいきょう》の書写、『法華経』『仁王経《にんのうぎょう》』などの長講などが行われたようである(堀二〇一六)。最澄『守護国界章』には、徳一が「年を経て宝積(『大宝積経《だいほうしゃくきょう》』)を講ずる」とあり、徳一の活動を示す数少ない記述であるが、『大宝積経』を護国経典として講義する例は見られない。日本仏教では、経論の講義(講説)や教義問答(論義)を中心とした法会が発展するが、徳一のこの活動も講説を主体とした法会だったのかもしれない。

右の空海の書簡で注目したいのは「始めて法幢を建てて」という部分である。この記述からは、徳一が初めて会津で仏教を広めたようにも読める。たしかに、古代の会津地方の仏教寺院は九世紀以降のものがほとんどであるが、福島県・会津坂下町の高寺山《たかでらやま》遺跡にある山岳寺院の遺構――なんと、欽明天皇元年(五四〇)に中国の南朝・梁の僧、青巌が仏教を伝えた、という近世の伝承がある――からは、奈良時代の遺物が見つかっており、徳一が会津に入る前から仏教が広まっていた可能性がある。

最澄や徳一の時代からそれほど離れていない平安時代初期に活躍した天台宗の安然《あんねん》(九世紀)が書いた『教時諍論《きょうじじょうろん》』には、「東土恵日寺の徳溢法師」と書かれており、現在の福島県・磐梯町にあった慧日寺が徳一の主たる寺院と認識されていたことがわかる。近年、発掘調査が進んでいる慧日寺跡からは、慧日寺が大規模であったことがうかがえる。

また、福島県・湯川村にある勝常寺《しょうじょうじ》には、本尊である木造薬師《やくし》如来《にょらい》及び両脇侍像《りょうわきじ》(国宝)をはじめ、九世紀に遡る仏像を多数安置しているが、なかでも本尊の薬師如来坐像は、徳一との関連が指摘されている(久野一九七一など)。勝常寺をはじめとする徳一関連寺院は、交通の要衝にあるが、そこから陸奥国に厄災が侵入することを防ぐ機能が期待されていた、とも考えられている(窪田二〇一一)。

南都・平城京で唯識思想という高度な仏教教理を身につけた徳一は、奈良時代の終わりごろ、様々な時代背景のなかで、陸奥や東国に仏教を弘める活動に参加するようになった。そして、同じように遅れて東国伝道にやってきた最澄という存在を見出したのである。

2　東アジアのなかの最澄

激動の生涯

次に、最澄の生涯について見てみよう。

徳一とは異なり、最澄には多くの史料が残されており、その生涯についてのすぐれた評伝もある。最澄の伝記は、しばしば同時代の空海と対比されてきたが、ここでは、これまであまり注目されなかった同時代の南都仏教とのつながりや、東アジア仏教の状況などと結びつけながら、最澄の活動についてふりかえってみたい。本書のテーマである最澄・徳一論争は、それ自体は会津と比叡山にいた二人の学僧のあいだで交わされたものであるが、平城京（南都）を中心とした当時の仏教界とともに、東アジア全体の仏教思想の状況とも密接に関連している。ここではまず、徳一との論争に関わりが深いことがらを中心に、最澄の生涯を概観したうえで、南都仏教を含めた当時の東アジア仏教という環境のなかに最澄を位置づけてみたい。まずは、簡単な年表をあげておこう（XVページの人脈図に出てくる人は太字にしている）。

天平神護《てんぴょうじんご》二年（七六六）　近江国《おうみのくに》滋賀郡（現在の滋賀県大津市）にて、帰化人の家系に生まれる（翌年に生誕したという説もある）。俗名・三津首広野《みつのおびとひろの》。

宝亀《ほうき》九年（七七八）　国分寺に入り、**行表**《ぎょうひょう》（七二二〜七九七）の弟子となる。行表は大安寺にいた唐僧、**道璿**《どうせん》の弟子。

宝亀十一年（七八〇）　得度。三年後、得度の証明書である度牒《どちょう》が交付される。

延暦四年（七八五）　東大寺で具足戒《ぐそくかい》を受け比丘《びく》（正式な僧）となる。七月、比叡山で修行の生活に入る。『願文《がんもん》』撰述。

延暦二十一年（八〇二）　和気氏の氏寺である高雄山寺（神護寺）にて**善議**・**勤操**・修円ら、南都の僧十余名を前に天台を講じる。

延暦二十三年（八〇四）　空海らとともに遣唐使として入唐、天台、禅、菩薩戒、密教などを受法し、翌年帰国。

延暦二十五年（八〇六）　最澄の上表により、年分度者二名が認められ、天台宗が一宗として公認される。

弘仁四年（八一三）　『依憑天台集《えひょうてんだいしゅう》』一巻を著す。

弘仁六年（八一五）　和気氏の要請により大安寺で天台を講じ、南都の学僧と論争。

弘仁八年（八一七）　二月、徳一の『仏性抄《ぶっしょうしょう》』に対し『照権実鏡《しょうごんじっきょう》』を著して反論。**最澄・徳一論争が始まる。**春、**道忠**門下の僧とともに東国を訪問。上野国（群馬県）や下野国（栃木県）などに宝塔を築き、『法華経』千部を納める。

弘仁九年（八一八）　東大寺で受けた具足戒を捨てると宣言（小乗戒棄捨《しょうじょうかいきしゃ》）。『山家学生式《さんげがくしょうしき》』を著して、いわゆる大乗戒独立運動を開始。六処《ろくしょ》宝塔の建立を発願。徳一の『中辺義鏡』に対して『守護国界章』を著し反論。

弘仁十年（八一九）　大乗戒独立をめぐって僧綱《そうごう》と論争。『顕戒論《けんかいろん》』『内証仏法相承血脈譜《ないしょうぶっぽうそうじょうけちみゃくふ》』を著す。

弘仁十一年（八二〇）　このころ、五姓各別説を批判する『通六九《つうろっく》証破比量文《しょうはひりょうもん》』、徳一を批判する『決権実論《けつごんじつろん》』などを著す。

弘仁十二年（八二一）　最澄・徳一論争の最後の著作となる『法華《ほっけ》秀句《しゅうく》』が成立。

弘仁十三年（八二二）　六月四日、比叡山中で没。亡くなる前日の六月三日に大乗戒の勅許《ちょっきょ》が下りる（張堂二〇一八）。

最澄の人生を大きく分ければ、桓武天皇（七三七～八〇六）の庇護を受け、入唐留学し、天台宗開宗を果たした延暦二十五年（八〇六）までと、徳一をはじめとする南都仏教の学僧や、当時、仏教界を管轄していた僧綱と対立し、論争を展開した弘仁年間とに二分できるであろう。特に弘仁七年ごろから弘仁十二年に至る五、六年間は、最澄が自身の主張を述べるために多くの著作を発表した時期でもある。最澄・徳一論争も、この時期にあたる。本章では最澄の前半生について概観し、徳一との論争が始まる後半生については、次章で見ることにする。

ここで注目したいのは、最澄の人脈である。最澄は、その生涯のなかで、平城京にあった**大安寺**という大寺院とつながりがあった。大安寺は、もともと七世紀に舒明天皇によって造られた百済大寺に始まり、奈良時代から平安時代にかけては、興福寺や東大寺に並ぶ大寺院であった。唐に長く留学していた道慈《どうじ》（？〜七四四）、東大寺の開眼供養で導師を務めたインド僧・菩提僊那《ボーディセーナ》（七〇四〜七六〇）、最澄の師である行表《ぎょうひょう》の師にあたる唐僧・道璿《どうせん》らが滞在しており、国際色が豊かであった。

また、この大安寺と関係が深かった**鑑真**《がんじん》（六八八〜七六三）とその弟子のグループとも、最澄は関係が深い。まだ日本に天台宗がなかったとき、最澄が天台教学を学んだのは鑑真がもたらした天台の典籍であった。また、円澄・円仁・安慧《あんね》といった最澄の弟子には、東国の**道忠**《どうちゅう》**教団**出身の者が多いが、道忠は鑑真の弟子である（『叡山大師《えいざんだいし》伝《でん》』）。道忠教団は、徳一との論争が始まるころに行われた弘仁八年（八一七）の東国訪問にも深く関わってくる。

大安寺とそこにいた学僧たち、そして鑑真のグループから学んだことが、後の徳一との論争のなかで活かされていく。そこには、天台教学にとどまらない最澄の豊かなバックボーンを知るための手がかりが隠されている。少しずつこれを解きほぐしていこう。

最澄を育てた人々

最澄は、宝亀九年(七七八)、十二歳の時に国分寺に入り、行表の弟子となったことで、学僧としてのキャリアをスタートさせている。**行表**は、天平八年(七三六)に来日した唐僧・**道璿**の弟子である。行表も道璿もどちらも大安寺の僧であった。

彼らから最澄は何を学んだのだろうか。具体的な内容はわからないが、最澄の弟子によって書かれた伝記『**叡山大師伝**』には、行表が最澄に「唯識章疏」を学ばせた、とある。ここで唯識教学の基礎を学んだことは、後の徳一との論争において、論敵の思想を理解するうえで役に立ったであろう。最澄が唯識教学を学んでいたことは、『守護国界章』にある「諸の有智者よ、謬《あやま》りても之《これ》を許すこと莫《な》かれ(すべての智慧あるものよ、間違ってもこれ=徳一の説を認めてはならない)」という読者へのよびかけからも推察される。これは法相宗でもっとも重視された『成唯識論《じょうゆいしきろん》』という文献に見える「諸の有智者よ、謬りても之を許すこと勿《な》かれ(すべての智慧あるものよ、間違ってもこれ=仏教外の思想を認めてはならない)」という表現とほとんど同じである。当時の学問は暗誦が中心であったから、最澄の頭のなかにこのフレーズが染みついていたのかもしれない。また最澄は、行表から「心を一乗に帰すべし」という教えを受けたというが、具体的な内容はわからない。

最澄が弘仁十年(八一九)に、自身がどのような仏法の系譜(血脈)にあるのかを記した『**内証《ないしょう》仏法相承血脈譜《ぶっぽうそうじょうけちみゃくふ》**』では、この二人、行表と道璿が「達磨大師《だるまだいし》付法相承師師血脈譜」のなかに位置づけられている。この「達磨大師」とは、インドから中国に禅を伝えた、あの有名な達磨大師である。つまり最澄は、禅の教えをこの二人から学んだ、と言っているのである。その系譜は釈迦より始まり、中国に入ってからは菩提達磨―後魏の達磨和上(なぜか「達磨」が二人いる)―慧可《えか》―僧璨《そうさん》―道信《どうしん》―弘忍《ぐにん》―大通《だいつう》(神秀《じんしゅう》)―普寂《ふじゃく》―道璿―行表―最澄となっている。

『内証仏法相承血脈譜』に引用される吉備真備《きびのまきび》「道璿和上伝纂」という文献には、道璿は来日して律師という役職についた後、「比蘇山寺に退居」してしまい、大乗の戒律について書かれた経典である『梵網経《ぼんもうきょう》』の注釈などを著した、とされる。比蘇山寺とは、先に徳一のところでも出てきたが、吉野にあった山林修行の場である。伊吹敦によれば、大乗の戒律を重視し、山林修行を行っていたという道璿の活動は、彼が唐で普寂らから学んだ北宗禅の**東山法門《とうざんほうもん》**の伝統に沿ったものであるという(伊吹二〇一三)。最澄が比叡山を修行の場として選び、生涯にわたってほとんどそこから離れることがなかったこと、あるいは晩年に**大乗戒の独立**を志して南都仏教と対立したことの淵源の一つは、この道璿・行表を経由して最澄に伝えられた東山法門にある。よく知られているように、比叡山は日本仏教の多くの宗派の母体となった場所である。その意味では、道璿の伝えた禅の教えが現在に至る日本仏教を形作ったと言えるかもしれない。

さて、その後、延暦四年（七八五）に東大寺で具足戒を受け比丘（正式な僧）となると、生家近くの比叡山で修行の生活に入る。その時に書かれたという『願文《がんもん》』には、天台の思想をふまえた記述が見られるので、すでにその時点で天台宗の教義をある程度は知っていたと思われる。しかし、本格的に天台教学について学び始めるのは、比叡山での修行生活が始まって、しばらくしてからであった。

　ここにおいて大師（最澄）は、『大乗起信論疏《だいじょうきしんろんしょ》』『華厳五教章《けごんごきょうしょう》』など（の華厳宗の文献）を披閲する機会を得た。そこでは天台が指南とされていたことから、これらの文を読むたびに不覚にも落涙することもあったが、天台の教えを披閲することができなかった。この時、たまたま天台の文献の在り処を知る人との知遇を得て、『摩訶止観《まかしかん》』『法華玄義《ほっけげんぎ》』『法華文句《ほっけもんぐ》』『天台四教義《てんだいしきょうぎ》』『維摩経疏《ゆいまぎょうしょ》』など（の天台の文献）を書写することができた。これらは大唐の鑑真和上が将来されたものであった。（『叡山大師伝』）

最澄は最初、天台宗以外の文献で間接的に天台教学を学ぶという状況であった。後に最澄は鑑真のもたらした天台宗の文献を入手することができるのであるが、最澄がこの鑑真将来文献で学んでいたことは、徳一『中辺義鏡』に対する反論書である『守護国界章』での発言からもわかる。最澄は「唐招提寺の鑑真大和上、ならびに東大寺の法進僧都、普照法師らが将来」した『摩訶止観』——天台三大部と言われる天台宗の根本文献の一つ——の「江州梵釈寺《ごうしゅうぼんしゃくじ》の一切経内で写された」写本を「正本」として引用している。

その後、大安寺の**聞寂**《もんじゃく》、鑑真の弟子で東国における「化主《けしゅ》」とよばれた**道忠**《どうちゅう》らの支援を得て、多くの仏典を書写し、比叡山に集めている。

ここにいたって仏法を弘めようという決心をし、生きとし生けるものを利益《りやく》したいという誓願を立て、弟子の経珍《きょうちん》らに「私は一切の経論や注釈書を書写したい……」と告白した。このとき比叡山にはもとより蔵書がなく、すべての経巻を書写し尽くすことができなかったので、奈良に頼むしかなかった。……そのとき大安寺の沙門・聞寂は……最澄の手紙を読んでその志を知り、比叡山に赴いて心からの誓願に応えるべく、その寺の別院である龍淵寺において、この誓願の援助を行った。……また東国での教化の中心人物(化主)であった道忠禅師は、この大唐鑑真和上の持戒第一の弟子であった。仏法を伝え、生きとし生けるものを利益することを常に自らとりくんでいたので、遠くから最澄の志を知り、大乗・小乗の経・律・論二千余巻を書写することを援助した。たちまち部帙《ぶちつ》が満たされ、多くの僧を招いた斎会《さいえ》を開き、同日に供養をした。今比叡山に安置されている経蔵は、このときの経である。（『叡山大師伝』）

ここでも大安寺と鑑真が出てくる。鑑真の弟子たちは、東大寺を中心に活動した**法進**《はっしん》（七〇九～七七八）のグループと、**思託**《したく》（生没年不詳）のグループに分かれたという。思託は大安寺の学僧の伝記を著したほか、大安寺で戒律の講義なども行っていた。道忠は後に見るように、徳一との論争の発端となる弘仁八年（八一七）からの東国訪問に関わる人物であるが、思託派であったという（薗田一九五二）。最澄の師が所属していた大安寺所属の聞寂はともかく、間接的な関係しかない道忠との関係がどのようにしてできたのかはわからないが、道忠もまた大安寺と何らかの関係があった可能性がある（田村一九八八）。最澄は、こういった大安寺や鑑真グループの支援によって天台宗の文献をはじめとする仏典を収集し、学んでいったのである。

大安寺で学ばれていた教学

最澄に深く関係していた大安寺では、どのような思想が学ばれていたのであろうか。ここでは、奈良時代に大安寺で活躍した**慶俊**《きょうしゅん》（?～延暦年間）と、鑑真の弟子で大安寺との関わりが深かった**思託**《したく》（八世紀）の活動を簡単に確認しておきたい。

慶俊の伝記は、思託によって延暦七年（七八八）にまとめられた『延暦僧録《えんりゃくそうろく》』に記録されている。『延暦僧録』には、慶俊だけでなく、慶俊の弟子である戒明《かいみょう》や、最澄の師の師である道璿も立伝されており、思託が大安寺の学僧を記録すべき人物として評価していたことがわかる。

『延暦僧録』によれば、慶俊は河内《かわち》(現在の大阪府)の人で、俗姓は藤井であるという。大安寺・道慈の高弟であり、あらゆる存在の「空」を説く中観派＝三論宗の教学や、識(＝心)の「有」(実在)を説く唯識派＝法相宗について(おそらくはその対立の問題にまで)微妙なところまで窮《きわ》め、「円宗」なるものに通暁していた、と記されている(『日本高僧伝要文抄《ようもんしょう》』)。「円宗」とは、「完全な思想」といったような意味であろうが、華厳教学とする説(松本一九九四)や天台教学を含むとする説(勝浦一九九九)などがあり、はっきりとしたことはわからない。次章で見るように慶俊は、当時大きな問題であった三論宗と法相宗の論争において三論宗側で論陣を張ったが、その思想は法相宗と対立するものではあったものの、三論宗の教学というわけではなかったようである。

慶俊の著作としては、『一乗仏性究竟論記《いちじょうぶっしょうくきょうろんき》』六巻や『因明入正理論文軌《いんみょうにっしょうりろんもんき》疏記《しょき》』三巻という書名が目録中に見える。この二書は、残念ながら現存していないが、どちらも法相宗の教学を強く批判する内容を持っているものの、三論宗の教学に関するものではない。前者は、法相宗の五姓各別説を批判した**法宝**《ほうぼう》『一乗仏性究竟論』六巻に対する注釈書であり、後者は法相宗によって批判された**文軌**《もんき》(七世紀)の『因明入正理論疏』に対する注釈である。東アジアの仏教論理学である因明《いんみょう》(第四章で解説)は、玄奘が翻訳した商羯羅主《シャンカラスヴァーミン》の『因明入正理論』に対する注釈を中心に発展した。法相宗は基の同名の注釈書を亀鑑としたが、新羅僧であった可能性もある文軌の注釈書は、三論宗で重視されていた（師二〇一五）。彼らは玄奘門下であるが、法相宗と強く対立していた人たちである。

このなか、特に法宝は、最澄・徳一論争と関係が深い。法宝の『**一乗仏性究竟論**《いちじょうぶっしょうくきょうろん》』は、最澄・徳一論争のなかで、大きくとりあげられている文献である。たとえば徳一は、『中辺義鏡』のなかで「宝公（＝法宝）の詞《ことば》に似」ている人物の「一切衆生悉有仏性」説を引用して批判し、最澄がそれに反論している（『守護国界章』）。また、法相宗の初祖である基は、その著書『**成唯**《じょうゆい》**識論掌中枢要**《しきろんしょうちゅうすよう》』のなかで五姓各別説を論証するための論証式（比量《ひりょう》）を二つあげているが、慶俊は『一乗仏性究竟論記』のなかでこの二つの論証式が持つ論理的な問題点を指摘し、批判している。この批判は、三論宗の玄叡《げんえい》（?～八四〇）、円宗《えんしゅう》（?～八八三）へと受け継がれるが（吉田二〇一四）、最澄もまた、これを参照しつつ『**通六九証破比量文**《つうろっくしょうはひりょうもん》』を著している。この文献でどのような批判がなされているかは第四章でとりあげるが、ともかく最澄は慶俊の著作を学んでいたのである。

ちなみに、この慶俊と同様、法宝『一乗仏性究竟論』と『因明入正理論』の注釈書を著したという天台僧が、最澄が入唐した当時の唐にはいた。**清翰**（八世紀）である。実はこの清翰は、最澄の通訳として入唐した義真《ぎしん》（七八一～八三三）が唐で受戒をしたときの戒牒《かいちょう》に名前が登場する（根無一九八五）。最澄も唐で出会っている可能性もあろう。天台宗の僧というと天台教学だけ、三論宗の僧といえば三論教学だけを学んでいたと考えてしまうと、この時代の論争を見誤ることになる。

鑑真グループが伝えた教学

次に思託である。彼は鑑真とともに来日した唐僧である。最澄が、鑑真の将来した文献で天台教学を学んだことはここまで何度か述べてきたが、弟子である思託は、自身を天台宗の学僧であると自認していた。それは、著書である『延暦僧録《えんりゃくそうろく》』の作者名が「天台沙門釈思託撰」となっていることからも推察される。

しかし、大安寺における思託の活動について見てみると、天台宗の僧というより、律宗の僧である。『唐大和上東征伝』には、思託が大安寺で律学を教えた、という記事が見られる。

唐の道璿律師は、大和尚の門人・思託に（次のような）依頼をした。「学を受けるには土台というものがあります。道璿の弟子で漢語を身につけた者には、法礪《ほうれい》『四分律疏《しぶんりつしょ》』と鎮国道《ちんこくどう》場《じょう》（の定賓律師の）『飾宗義記《じきしゅうぎき》』を学ばせたい。もしよかったら導いていただけませんか」。僧思託はそれを受け、大安寺の唐院において、忍基《にんき》らのために四、五年間、（法礪『四分律疏』などを）研鑽すること数遍になった。（『唐大和上東征伝《とうだいわじょうとうせいでん》』）

ここに出てくる**法礪**《ほうれい》『四分律疏』や**定賓**《じょうびん》『四分律疏飾宗義記』は、**相部律宗**の学僧による著作である。この二人の名前については、初めて聞くという読者も多いであろう。鑑真に来日するように懇請したのは栄叡・普照という二人の入唐僧であるが、この二人は定賓から受戒をしている(『日本高僧伝要文抄』)。思想的に見れば、定賓は最澄・徳一論争と関係が深い。

よく知られているように鑑真は、数々の困難を乗り越えて戒律を唐から日本に伝えた。唐で行われていたのは『四分律《しぶんりつ》』という律であり、漢訳で六十巻にもおよぶ。『法華経』などの経典に様々な注釈がなされ研究されたように、『四分律』にも注釈に基づいて研究を行う学派がいくつかできた。鑑真は、『四分律刪繁補闕行事鈔《さんぱんほけつぎょうじしょう》』という注釈書を著した**道宣**《どうせん》(五九六〜六六七)を祖とする**南山律宗**に属する、とよく言われるが、実際には法礪を祖とする相部律宗も継承している。

定賓は、八世紀に活躍した相部律宗の学僧であり、法礪『四分律疏』に対する注釈書『四分律疏飾宗義記』のほか、**因明**《いんみょう》(仏教論理学)や『法華経』に関する著作もあった。律宗の学僧が論理学を研究していた、というのも、なかなか奇妙な感じがするが、定賓の因明学は、中村元ら、現代の学者も高く評価している(因明は最澄・徳一論争のなかでも用いられているので、第四章で解説する)。また、定賓が著した『法華経』に関する書『助照法華融文集《じょしょうほっけゆうもんしゅう》』は、最澄・徳一論争のなかで最澄が徳一を批判するために引用している。

鑑真がどれくらい相部律宗を重視していたかは、日本に将来した文献に関する『唐大和上東征伝』の記事を見ればわかる（傍線部が相部律宗の文献）。

『四分律』一部六十巻、法礪師の『四分律疏』五本十巻、光統律師の『四分律疏』百二十紙、『鏡中記』二本、智周師の『梵網経疏（菩薩戒疏）』五巻、霊渓釈子の『菩薩戒疏』二巻、……定賓律師の『飾宗義記』九巻、（霊祐律師の）『補釈飾宗記』一巻、『戒疏』二本各一巻、観音寺大亮律師の『義記』二本十巻、終南山道宣律師の『四分律比丘含注戒本』一巻および『四分律刪繁補闕行事鈔』五本、『四分刪補随機羯磨』等二本、懐素律師の『戒本疏』四巻、大覚律師の『四分律行事鈔批』十四巻、『音訓』二本、（宝唱師の）『比丘尼伝』二本四巻、……終南山道宣律師の『関中創開戒壇図経』一巻。（『唐大和上東征伝』）

『四分律』などの戒律文献に対して実に様々な研究がなされていたことが、このリストからも読みとれるだろう。そのなかで、相部律宗の文献がかなりの割合を占めることもわかるだろう。ここに見える『補釈飾宗記』とは、中国における鑑真の高弟であり、鑑真の身を案じて妨害工作をはたらいたとされる霊祐《れいゆう》の著作と推定されるものである（凝然『四分戒本疏賛宗記』）。

また、『唐大和上東征伝』の別の箇所では、次のような記述もある。

普照・思託は大和上（鑑真）に、この地に伽藍《がらん》を作り、長く『四分律』・法礪『四分律疏』・鎮国道場の『飾宗義記』・道宣律師の『四分律行事鈔』を伝えることで、持戒の力によっ

> て国家を保護することを要請した。大和上は「たいへんよいことだ」と仰った。すなわち、天平宝字三年(七五九)八月一日、「唐律の招提《チャートゥルディシャ》(唐の律に基づいて四方の僧たちを受け入れる場)」の名を立てた。(『唐大和上東征伝』)

これは唐招提寺《とうしょうだいじ》が建立される際のエピソードであるが、ここでも法礪の名前が筆頭にあげられているのが注目される。ここに思託とともに名前の出ている普照は、定賓から戒を受けたこともあってか、『延暦僧録』に「能く沙門法礪律疏を講ず」とあるように帰朝後、相部宗の律学を講義したようである。

以上のことから、鑑真の弟子たちが、相部律宗の文献に通じていたことがわかるが、思託はそれを大安寺で講義をしていたのである。そして、大安寺で学ばれていた相部律宗の教学もまた最澄に伝わり、徳一との論争のなかで用いられることになる。

最澄は、慶俊が学んだ法宝と、思託が教えていた定賓を、徳一を批判する文献のなかで、セットにして名前をあげることがある。たとえば、最澄『守護国界章』には、「大薦前宝、後賓」(唐の長安にある大薦福寺《だいせんぷくじ》にいた前の法宝、後の定賓)といった表現が見られる。また最澄『決権実論』には、次のような記述が見られる。

> まさに(次のように)知るべきである。竺道生《じくどうしょう》・吉蔵《きちぞう》・霊潤《りょうにん》・法宝・法蔵《ほうぞう》・慧苑《えおん》・定賓・澄《ちょう》観《がん》、法相宗義寂《ぎじゃく》・義一《ぎいち》・良賁《りょうひ》ら、新羅国の元暁《がんぎょう》法師、大日本国の上宮聖徳王《じょうぐうしょうとくおう》は、一乗の真

実の教えにもとづいており……(『決権実論』)

ここで最澄は、一乗説に反対する「北轅者《ほくえんしや》(南に行くのに北に轅《ながえ》を向ける者)」、すなわち徳一に対して、竺道生(三五五?~四三四)をはじめとする大徳が、「一乗実教」に基づいていることを示しているのであるが、ここでも法宝と並んで定賓が一乗グループの一員とみなされている。鑑真グループが伝えた相部律宗の法相宗批判は、最澄・徳一論争にも継承されているのである。

ここで注意しておきたい点が一つある。法宝や定賓の思想は、法相宗の五姓各別説や三乗説などを批判し、すべての人がブッダになれる、という一乗説を主張するという点では、たしかに最澄の天台教学と方向性を共有している。しかし、これらの思想は同じではなく、場合によっては天台教学と著しく異なる面も含んでいる、という点である。右に列挙された人物のなかに、法相宗の人を含んでいることを考えても、これらの人々の思想が一枚岩ではなかったことがわかる。最澄はあえて、こういった多様な学説を引用し、徳一を批判するのである。

こういった最澄の態度を、薗田香融は「広汎な一乗主義戦線を統一し、その右翼には、法相宗の異分子をも加えた変幻自在の組織をもって当るというものであった」と論評している(薗田一九八二)。徳一をやっつけるためだったら、法相宗を批判する言説は何でも利用してやろう――たしかにそういった面もあったかもしれない。

しかし、大安寺において法相宗を批判する思想が学ばれていたのは、最澄・徳一論争が始まる前からである。大安寺や鑑真グループの教学には、七世紀から八世紀にかけての唐・新羅の多様な思想状況が反映しており、単純に三乗vs.一乗のような二項対立で理解できるようなものではない。後発でこの対立に参戦することになった最澄は、自身が学んだ大安寺の持つ思想的な多様性と、その法相宗批判を引き継いだのである。

第二章　論争の起源と結末――二人はどう出会ったか

1　対立に巻き込まれる最澄

高雄講経の背景

延暦四年(七八五)に比叡山での修行生活に入った最澄は、同十七年(七九八)の冬に「十講法《じっこうほう》会《え》」を行い、その後毎年継続するようになった(『叡山大師伝』)。三年後の同二十年(八〇一)十一月には、南都の僧を比叡山に招いて講義を行うよう要請をした。

国に七大寺があり、寺には六宗がある。各宗には博達の人がいるが、人の智慧には強弱がある。(比叡山の)草庵《そうあん》は卑小で、龍象《りゅうぞう》が入る余地がないことは知っているが、法会の小座《しょうざ》を荘厳《しょうごん》するために十人の大徳を招き、法華三部経(『無量義経《むりょうぎきょう》』『妙法蓮華経《みょうほうれんげきょう》』、『仏説観普賢菩《ぶっせつかんふげんぼ》薩行法経《さつぎょうぼうきょう》』)を講演していただき、六宗の解釈を聴聞したい。(『叡山大師伝』)

南都六宗からよばれた人として名前が記されているのは、勝猷・奉基・寵忍・賢玉・光証・観敏・慈誥・安福・玄耀の九人である。この九人がどのような人物で、この法華十講がどのような内容であったのかは、情報がないためにわからない。しかし、この法会の評判がよかったのか（あるいは事前に計画されていたのか）、二ヶ月後の延暦二十一年（八〇二）一月、**和気広世**《わけのひろよ》（八～九世紀）・**真綱**《まつな》（七八三～八四六）が氏寺の**高雄山寺**《たかおさんじ》（現在の神護寺）で催す法会に、最澄を含むこの時のメンバー全員が招請された。和気広世は、道鏡《どうきょう》が皇位につくことを阻んだことで有名な和気清麻《きよま》呂《ろ》の長男、真綱はその弟（清麻呂の五男）である。真綱の卒伝《そつでん》（死亡記事）に「天台・真言の両宗の建立は、真綱及びその兄、但馬守広世、両人の力なり」（『続日本後紀《しょくにほんこうき》』）とあるように、この兄弟は、最澄・空海による天台宗・真言宗の立宗の協力者であった。

右の十人とは別に、追加で高雄山寺に招請された僧侶は、善議・勤操・修円・歳光・道証である。このなか、筆頭にあげられる**善議**《ぜんぎ》（七二九～八一二）は大安寺の道慈の弟子で三論宗（『日本後紀』）の人である。またもや大安寺の僧が出てきたことに注目して欲しい。**勤操**《ごんぞう》（七五八～八二七）は善議の弟子で同じく三論宗である。勤操は空海の師とみなされてきた人であるが、現在では否定的な意見が多い。**修円**《しゅえん》（七七一～八三五）・**道証**《どうしょう》（七五六～八一六）は法相宗の人である。修円には徳一の師という伝承もあるが確証はない。ともあれ、先の比叡山における小規模な法華十講とは異なり、後の史書などに名前を残すような高僧が参加したのである。

これらの人々を聴衆にして、最澄は天台の講義を行った。講義後、招請された南都の大徳たちを代表して、善議が「謝表」を述べているのであるが、そのなかにある次の表現が注目される。

その(天台教学の)なかに説かれることは、非常に奥深い理論であり、七大寺、六宗の学者が、過去に聞いたことがなく、かつて見たことがないものです。三論宗・法相宗は、長年諍《いさか》ってきましたが、氷が解けるように解消しました……。

鑑真《がんじん》が将来した文献があったとはいえ、最澄が日本で天台宗を開く前の話であるから、天台教学について聞いたことがないというのは、おそらくその通りだったのであろう。法会に招請された人々に三論宗・法相宗の高僧が含まれており、また講義への感謝の言葉のなかで「三論宗・法相宗は、長年諍ってきましたが」といった表現が見られることは、この法会の性格を物語っている。和気広世・真綱の兄弟は、奈良時代後半から平安時代初期にかけて、仏教界での最大の関心事であった三論宗・法相宗の対立の解決を、大安寺と関係の深い最澄に託し、それをふまえて大安寺の善議が謝意を表した、という構図が見えてくるのである。

空有の論争の時代

三論宗・法相宗の対立——空有《くうう》の論争とも通称される——は、当時の日本仏教界における最大の関心事であり、同時期の最澄(と空海)の活動を考える上でも無視することができない。この論争がいつごろから始まったのかについては意見が分かれているが、大まかな流れを確認しておこう。

天平《てんぴょう》八年（七三六）	三論宗・法相宗の僧を請集し『大仏頂経《だいぶっちょうきょう》』の真偽について「検考《けんこう》」する（『大乗三論大義鈔《だいじょうさんろんだいぎしょう》』）。
天平勝宝《しょうほう》四年（七五二）	三論宗の智光《ちこう》（八世紀）が法相宗を激しく批判する『般若心経述義《はんにゃしんぎょうじゅつぎ》』を執筆。
宝亀七年（七七六）	東大寺内にあった六宗が持つ未解決問題についてまとめた『東大寺六宗未決義』が成立。そのなかで三論宗から、法相宗に対する批判が出される。
宝亀八年（七七七）	戒明《かいみょう》、徳清《とくしょう》が入唐。空有の論争についての問題を含む質問状（唐決《とうけつ》）を持参し、唐僧から回答を得る。
宝亀十年（七七九）	諸僧都等が大安寺に集まり『大仏頂経』が偽経であると主張、戒明が連署を拒否（『延暦僧録』）。
奈良末～延暦のころ	大安寺・慶俊《きょうしゅん》と興福寺・仁秀《にんしゅう》の論争。『掌珍量導《しょうちんりょうどう》』成立か。
延暦十七年（七九八）	三論・法相の争いを調停しようとする詔《みことのり》が出される。
延暦二十年（八〇一）	三論・法相の争いを調停しようとする詔が出される。
延暦二十一年（八〇二）	三論・法相の争いを調停しようとする詔が出される。最澄の高雄講経に対し、善議が「三論宗・法相宗は、長年諍ってきましたが、氷が解けるように解消

しました」という謝表を出す。

延暦二十二年(八〇三)　三論・法相の争いを調停しようとする詔が出される。

延暦二十三年(八〇四)　三論・法相の争いを調停しようとする詔が出される。最澄とともに入唐した霊仙が、空有の論争に関する唐決を持参(『法相髄脳《ほっそうずいのう》』)。

天長《てんちょう》七年(八三〇)　南都六宗に教義の概要をまとめさせた「天長六本宗書」が成立。三論宗・玄《げん》叡《えい》(?~八四〇)の『大乗三論大義鈔』と、法相宗・護命《ごみょう》(七五〇~八三四)の『大乗法相研神章《けんじんしょう》』に、空有の論争についての論述が見られる。

三論宗と法相宗の対立がどのようなものだったかについては次章で述べるので、ここでは簡単に説明しておきたい。**三論宗**は、**龍樹**《ナーガールジュナ》(一五〇~二五〇頃)の著作である『中論』『十二門論』、その弟子である**聖提婆**《アーリアデーヴァ》(一七〇~二七〇頃)の『百論』という三つの論書(三論)を所依とし、隋《ずい》代に嘉祥《かしょう》大師**吉蔵**《きちぞう》(五四九~六二三)が大成した教学を研究する学派である。龍樹らは、この世界に存在するとされるものはすべて空である——存在するのでも、存在しないのでもない——と主張する。

一方で**法相宗**は、**無著**《アサンガ》・**世親**《ヴァスバンドゥ》兄弟(四~五世紀)によって大成された唯識思想を宗旨とする学派である。唯識とは、この世界に存在するのはただ識《ヴィジュニャーナ》(表象作用)だけである、ということである。この世界にあるものは認識するものと認識されるものであり、そのどちらも識が変化したものであると考え、識のみが実在し、それ以外のものは存在しないと主張する。実在することを漢語では「有」と言うことから、両学派の論争は**空有の論争**ともよばれている。

　年表のなかに『**大仏頂経**《だいぶっちょうきょう》』という経典が出てくる。これは、つぶさには『大仏頂如来密因《だいぶっちょうにょらいみついん》修証了義諸菩薩万行首楞厳経《しゅしょうりょうぎしょぼさつまんぎょうしゅりょうごんきょう》』という経典で、現在では『楞厳経《りょうごんきょう》』と略され、主に禅宗で重んじられている。なぜ『大仏頂経』の真偽が問題になったのかといえば、この経典の一部で、あらゆる存在が空であることを証明する論証式が説かれているからである。

　真理においては、作られたもの（有為法《ういほう》）は空である。条件（縁）によって生ずるから。幻のように。

　作られることがないもの（無為法《むいほう》）も、生じたり滅したりしないから、実体がない。空中の花のように。（『大仏頂経』）

　この論証式は因明（第四章参照）で書かれたものである。仏教では、有為法と無為法をあわせて一切法（すべての存在）とするので、右の論証式は、一切の存在には実体がなく空であることを論証しようとするものである。この論証式は、龍樹の思想を継承する**清弁**《バーヴィヴェーカ》（五〇〇～五七〇頃）の『**大乗掌珍論**《だいじょうしょうちんろん》』という文献に見られるものとほぼ同じ（おそらくはそれを引き写したもの）であるが、その『大乗掌珍論』の論証式には論理的な瑕疵《かし》がある——つまり、空の証明ができていない――と法相宗から批判が出されており、空有の論争ではこの論理学的な解釈が大きな問題の一つとなっていた。年表にある『**東大寺六宗未決義**』や『**掌珍量噵**』、『**法相髄脳**』では、この論証式についての議論がなされている。

三論宗側は、『大仏頂経』という釈迦の直説のなかでこの論証式と同じものが説かれていることを根拠に、論理的な瑕疵はないと主張し、対する法相宗側は、この経典を偽経だと主張することで、三論宗側の主張を崩そうとしたのである（松本一九八五）。ちなみに最澄は『依憑《えひょう》天台集』のなかで、唐に「大仏頂宗」という学派があり、天台宗を高く評価しているのだ、と述べている。最澄には、『大仏頂経』の思想が天台教学に近いという意識があったのかもしれない。

また、この論争は、単に空か有（実在）かという存在論的な問題だけを議論していたのではない。右にあげた『掌珍量噵』では、空の論証についての議論に続いて、いささか唐突に「一切衆生悉有仏性」説の是非をめぐる議論がなされる。

> およそ清弁の教学というのは、玄奘《げんじょう》が伝えたものである。なぜそれ以外の論師が安易に言葉を加えることができるのか。……清弁の教義を伝えたのは玄奘である。玄奘は基《き》師に（その教えを）授けて立論させた。これ以外の誰がインドに行って、清弁の教義を受けてきたというのか。（したがって）すべての三論家は皆、基師から（教えを）受けていることになる。

誰の説に基づいて(師である基を)反対に誹謗するというのか。また、『大智度論』『中論』『十二門論』の三部は、龍樹が造ったものである。『百論』二巻と『広百論』は両方とも提婆が造ったものである。玄奘が訳した『広百論』を除くと、残りの三論はすべて後秦の弘始《こうしん》年間に鳩摩羅什《クマーラジーヴァ》が翻訳したものである。鳩摩羅什は(一切衆生の)すべてが仏性を持っている、という教学を立てなかった。今(我が国の)三論宗の諸師は、誰の説を受けてすべてが仏性を持っている、という教学を立てているのか。(『掌珍量噵』)

ここでは、三論宗が依拠している論師の著作を訳した鳩摩羅什も玄奘も〝生きとし生けるものはすべて仏性(ブッダになるための素質)を持っている(=一切衆生悉有仏性)〟とは説いていないのだから、三論宗が「一切衆生悉有仏性」説を主張することには根拠がない、と言っている。翻訳者がAという主張をしていないのだから、翻訳された作品もAという主張をしていないはずだ、という議論には、いささか論理的な不十分さも見られるが、ここで強調しておきたいのは、最澄・徳一論争に先行する三論宗と法相宗の対立のなかでも、仏性《ぶっしょう》の有無をめぐる論争、すなわち**仏性論争**が行われていたということである(平井一九七八。この問題に対する最澄の反応は第五章を参照)。

この対立の渦中にいた慶俊《きょうしゅん》は大安寺の学僧であるが、前章で見たように、慶俊の著作は、唐で法相宗と仏性論争を争った法宝《ほうぼう》『一乗仏性究竟論』の注釈と、空の証明などで用いられる因明の注釈書であり、いずれも法相宗の教学を批判するものであった。大安寺の教学の多様性は、空有の論争とは言いながらも仏性論争も含むような、三論宗・法相宗の対立の思想的な複雑さを支えていたのである。

複数の宗の併存

最澄が高雄山寺で『法華経』の講義を担当した時期は、右の年表に見えるように、三論宗・法相宗に対立をやめるようよびかける詔勅が繰り返し出されていた。そのなかでどのようなことがよびかけられていたか、「延暦二十三年正月癸未《きび》勅」を見てみよう（『日本後紀』）。

ありのままの真理（真如）は、同一であって二つではない。しかし三論・法相の両宗の菩薩は、目撃すれば互いに諍っている。思うに、後代の学者のために、この真理を競うことで、各々その活動を深めようとしているのだろうか。ところが聞くところによれば、諸寺の学《がく》生《しょう》には、三論に就く者が少なく、法相に趣《おもむ》く者が多いという。それでは（大勢に）阿《おもね》る者らに仏道が凌奪され、その道を浅いものにしてしまう。年分度者は毎年、宗ごとに五人とするのを定めとせよ。

まず注目すべきは、三論宗と法相宗は対立しているように見えるが、両者が目指している真理は同一である、という考え方である。そして、三論宗と法相宗が諍っていることを諫めるだけでなく、学僧が法相宗に流れ、三論宗の人数が減っていることを憂慮している。そして、その解決のために、両宗の出家者の定員を五名ずつにするよう促している(年分度者については次節)。真理が同じなのであれば、どれか一つだけ宗があればそれでよいはずであるが、ここでは複数の宗がバランスよく併存することが目指されている。つまり、真理は一つであるからこそ複数の宗が併存すべきだ、という考え方である。

これと同じ考え方は、延暦十七年の詔勅にも見える。

(三論・法相の両宗は)並んで車軸を分担し、揃って(車を)進めている。誠に道は異なっても同じ(真理)に帰するのである。智慧の炬火《かがりび》はこれによっていよいよ明るくなり、悟りの風はこれによってますます扇がれる。このごろの仏弟子は皆、もっぱら法相ばかりにはげみ、三論に至った者は多くが廃業している。

これだけを読むと三論宗が存亡の危機に立っているようにも見えるが、実際には「勢力を有するも法相宗に押され気味の三論宗からの突き上げを受けて発動された施策」(曾根二〇〇〇)とも考えられている。ここで注意すべきは、思想の異なる法相宗と三論宗が車の両輪のようにはたらくことが期待されている点である。法相宗にのみ勢力が偏るのは好ましいことではなく、異なった思想を持つ宗が併存することが望ましいという考え方である。

最澄は、これと似た表現を、徳一との論争のなかで用いている。『守護国界章』の冒頭で、最澄は次のように述べる。

(天台宗が重視する『涅槃経《ねはんぎょう》』の)五味《ごみ》(の喩え)と(法相宗で重視される『解深密経《げじんみっきょう》』の)三時《さんじ》の教えは、それぞれ聴衆の能力に応じて雷鳴のごとく説かれ、三車説(を唱える法相宗)と四車説(を唱える天台宗)とが両輪となって(衆生を)運載する。方便の教えと真実の教えが声を揃えることで国境が守護され、偏った教えと完全な教えとが轍《わだち》を異《こと》にする(=両輪となる)ことで幅広い民衆を救うことができるのだ。(『守護国界章』)

ここで最澄は、先の詔勅で見られた三論宗のポジションを、天台宗に置き換えたような表現をしている。ここからうかがえるのは、天台宗だけがあればよいのではなく、天台宗から見れば劣った教えである法相宗も必要であり、両者が両輪のように補完しあうことが国土の守護のためには必要である、と最澄が考えていたことである。そして最澄は、天台宗を三論宗と同じく法相宗とは反対の「車輪」として位置づけていたのである。三論宗・法相宗の対立は、最澄・徳一論争にとって、単なる社会的背景ではなかった。少なくとも最澄は、三論宗・法相宗の対立を解決しようとしていた国家の理念を共有していたのである。

最澄・徳一の時代には、このような大きな対立と、それを調停し共存させようという動きがあった。この対立の渦中にいた慶俊や戒明らは大安寺の学僧であるが、その大安寺に近い最澄が、三論宗・法相宗の学僧の前で天台教学についての講義をするために抜擢されたのが、高雄講経だったのである。そして、同じく大安寺三論宗の善議が代表して「三論宗・法相宗は、長年諍ってきましたが、氷が解けるように解消しました」と述べたのである。これらの状況を勘案すると、最澄は、三論側に近い立場で、法相宗と三論宗の均衡を取り戻すことが期待されていたのではないかと思われる。残念ながら、善議の言葉に反して、その後も対立は激化していくのであるが。

また、ここでも注意しておかなければならないのは、最澄は三論宗の思想を受け入れているわけではない、ということである。それどころか最澄は、しばしば三論宗に対する批判を述べている（奥野一九九三）。最澄はあくまでも天台宗の人であるから、思想が異なる三論宗を批判することはむしろ当然である。最澄に講義を依頼した側も、そのことはわかっていたであろう。

藤井淳によれば、和気氏によって支援されていた空海の初期の著作もまた、空有の論争の超克を意図したものであるという（藤井二〇〇八）。三論宗と法相宗の対立の解決は、当時の仏教界全体の課題であり、和気氏や大安寺といった三論宗側が新来の天台宗・真言宗などを支援しながら、法相宗への巻き返しをはかっていた、という構図を見てとることができる。

2　対立解決に向けた動き

入唐求法のもう一つの目的

このような大きな対立のなか、最澄はどのような解決を模索したのであろうか。それをうかがえるのが、最澄が遣唐使派遣に際して出した上表文《じょうひょうぶん》である。

……この国に伝わっている三論と法相の二家は、論に書かれていることを宗旨《しゅうし》としており、経を宗旨としていない。三論家は、龍猛《ナーガールジュナ》菩薩が著した『中論』などの論を宗旨としている。そこで、あらゆる経文を引用して自宗の論を成立させているが、経に書かれた意味をねじ曲げて、論の趣旨に従属させている。また法相家は、世親《ヴァスバンドゥ》菩薩が著した『成唯識論』などの論を宗旨としている。そこで、あらゆる経文を引用して自宗の教義を成立させているが、経の文を折り曲げて、論の趣旨に従属させている。天台のみが論宗を斥《しりぞ》け、ひとり経宗を打ち立てている。論は経の末端であり、経は論の根本である。根本を捨て末端に従うのは、上に背いて下に向かうようなものである。経を捨てて論に従うのは、根っこを捨てて葉っぱを取るようなものである。伏して願わくば、我が聖皇《せいこう》(桓武天皇)の御代《みよ》に、完全な思想(円宗)の妙なる教義を唐で学ばせていただきたく、『法華経』の宝車《ほうしゃ》をこの日本まで運ばせていただきたい……。(『叡山大師伝』)

この時点では、最澄自身が入唐することにはなってないが、後に桓武天皇の命によって最澄が入唐することになる。このなかで最澄は、法相宗と三論宗が、ブッダの言葉を記録した経典ではなく、経典を後世の論師が注釈、解説した『中論』や『成唯識論』などの論書にもとづいた論宗《ろんしゅう》であると批判する。反対に自身が学ぶ天台宗は、ブッダの説いた『法華経』などの経典に基づいている経宗《きょうしゅう》だと主張している。修行を完成させる前の龍猛《ナーガールジュナ》（龍樹）らとブッダとを比べたら、ブッダの言葉のほうがすぐれているので、宗としてもすぐれている、というのであろう。

この上表文にはやや奇妙なところがある。当時、南都六宗の一つとして華厳宗という『華厳経』に基づく「経宗」があり、倶舎宗《くしゃ》、成実宗《じょうじつ》という「論宗」もあったからである。したがって、天台宗だけが最澄のいう経宗ではないし、三論宗・法相宗だけが論宗というわけではない。ここでことさらに三論宗・法相宗が論宗として批判されているのは、三論宗・法相宗の対立の解決が強く意識されていたと見るべきだろう。また、当時成立しつつあった年分度者制においては、経典を重視する傾向が見られるため、そのあたりも考慮していたと思われる。

最澄以前、宝亀八年に入唐した徳清や、最澄とともに入唐した霊仙らも、空有の論争に関する唐決《とうけつ》（中国仏教界に対する仏教教義の質問状）を携えていた。遣唐使もまた、三論宗・法相宗の対立の解決の役割を担っていたのである。右の上表文からは、最澄が、三論宗側に人脈を持っていながらも、どちらにも与《くみ》しない解決策を模索するべく、天台教学を学ぶ僧の派遣を望んでいたことがうかがわれる。

年分度者制と天台宗の公認

延暦二十四年(八〇五)に唐から帰国して以降、最澄は目まぐるしい日々を送ることになる。延暦二十五年(八〇六)正月三日、最澄は次のような上表文を提出している(「請続将絶諸宗更加法華宗表一首」)。

沙門最澄が申し上げます。最澄は「一目の網では鳥を捕まえることはできない」と聞いております。一つ、または二つの宗で、どうしてあまねく救うことができるでしょう。いたずらに諸宗の名前があっても、その業《ごう》を伝える人はたちまち絶えるでしょう。誠にお願いしたいのは、十二の律呂《りつりょ》(音階)に準じて年分度者の人数を定め、六波羅蜜《ろくはらみつ》にのっとって業を授ける諸宗の人員を分け、両曜《りょうよう》(太陽と月)にあやかって宗ごとに二名ずつ得度させる、ということです。華厳宗に二名、天台法華宗に二名、律宗に二名、三論宗には小乗の成実宗を加えて三名、法相宗には小乗の倶舎宗を加えて三名とします。そうすれば、陛下(桓武天皇)の法施《ほうせ》(仏法による布施)の徳は、古今に抜きん出たものとなり、生きとし生けるものへの法財《ほうざい》(仏法という財産)のはたらきは、永遠に不足することはないでしょう。

この上表文は、法相宗の勝虞《しょうぐ》(七三二〜八一一)・常騰《じょうとう》(七四〇〜八一五)、鑑真とともに来日した律宗の如宝《にょほう》(?〜八一五)ら、当時の僧綱にも支持され(『叡山大師伝』)、同月二十六日にはこれに沿った年分度者制《ねんぶんどしゃせい》が成立した。天台宗にも年分度者二名が割り当てられ、国家的に公認された形となった。「一目の網では鳥を捕まえることはできない」という言葉は中国の『淮南子《えなんじ》』によるもので、先に見た〝諸宗が両輪となって人々を救う〟という理念と共通する。

年分度者とは、延暦年間に整備された制度で、年ごとの出家者の人数を国家が管理する制度である。佐藤文子によれば、この制度が導入される以前も、中国にあった国家管理による得度システムを導入しようとしていたが、実際には奈良時代を通じて有力者による推薦（嘱請）によって出家得度を請願する、というあり方が常態化していたという（佐藤二〇一七）。大雑把に言えば、コネさえあれば実力がなくても出家できてしまう、ということである。

このような状態を改革するため、官僚の養成のために「学生」に対して行われていた試験や、官人登用の国家試験などを参考に、選抜試験にもとづく官僧の出家制度へと改革することを目的として導入されたのが、年分度者制である。延暦十七年（七九八）——最澄が「十講法会」を始めた年——有力者による推薦ではなく、選抜試験を合格した者のみを年分度者として受戒させる、という勅が出された。その後、延暦二十年、二十二年、二十三年、二十五年と勅が出されるなかで変遷していき、延暦十七年の勅に示された実力主義の理念は、既得権を持つ者たちの抵抗によって換骨奪胎《かんこつだったい》されていく。

この年分度者制制定の背景の一つとして考えられるのが、先に見た三論宗・法相宗の対立である。たとえば、延暦二十年(八〇一)の勅では、選抜試験の内容が「三論宗・法相宗の違いについて説明することができるか」というものになっている。それを知っていることが、官僧となる条件だったのである。また、延暦二十三年に出された勅は、先に空有の論争について説明する際に引用した「延暦二十三年正月癸未勅」である。この引用には続きがあって、「論を読んでいるとしても、経を読んでいない者は、得度させない」という文言がある。論よりも経を重視する態度は、最澄が入唐時に「天台のみが論宗を斥け、ひとり経宗を打ち立てている。論は経の末端であり、経は論の根本である」などと述べたことと通底している。ただし、最澄が言う「経」が、天台宗が所依とする『法華経』であるのに対して、この「延暦二十三年正月癸未勅」で言われている「経」は、必修科目の『法華経』『金光明最勝王経』と、選択科目の『華厳経』『涅槃経』であるので、両者の意識が完全に一致しているわけではない。しかしながら、「論宗」である法相宗・三論宗、特に法相宗に勢力が偏っている状況に対して、経の重要性、優位性を主張することは、両宗に対する牽制としての意味があったのであろう。

佐藤文子は、延暦十七年の勅の成立には和気広世のような学士官人らが関与し、延暦二十三年の勅の成立にあたっては、最澄が「あらたなシステム構築のためのブレインの位置についていたと目される」という(佐藤二〇一七)。これまで見てきたように、延暦二十一年の高雄講経から、延暦二十三年の最澄の入唐、そして延暦二十五年に至る年分度者制の成立過程は、三論宗・法相宗の対立、特に法相宗が大きな勢力となっていた当時の状況を背景とし、和気氏や最澄がその解決を目指した一連の運動であると考えるべきであろう。右の最澄の上表文に見える「一つ、または二つの宗で」というのも、法相宗、もしくは法相・三論の両宗を指していると思われる。

この最澄の上表が法相宗をはじめとする南都仏教界にも承認されたことによって、年分度者制は成立する。ただしそれは、延暦十七年に示された実力主義――別の角度から見れば、官僧の選抜の権限を国家が掌握している体制――ではなく、試験はあるものの各宗の定員を保障する形であった。また〝論よりも経を重視する〟という理念も、延暦二十五年の勅では消えてしまっている。論によって宗を立てている三論宗・法相宗からの抵抗があったのだろう。

ちなみに、このようにして国家によって公認された「宗」という体制は、その後、鎌倉時代の凝然《ぎょうねん》(一二四〇~一三二一)『八宗綱要《はっしゅうこうよう》』などに見られるように、日本仏教界の自己意識を大きく規定することになる。比叡山から出た法然《ほうねん》(一一三三~一二一二)ら、いわゆる「鎌倉新仏教」の人々によってこの体制はゆるがされていくが、最澄が成立に関わった体制が、その遠い弟子たちによって解体されていったと考えれば、興味深いところである。

3　徳一との接近遭遇

最澄の東国訪問

天台宗が公認されたとはいえ、最澄の活動は順風満帆なものではなかった。公認直後の延暦二十五年三月には、最大の外護者《げごしゃ》であった**桓武天皇**《かんむ》（七三七〜八〇六）が崩御《ほうぎょ》してしまう。また、せっかく公認されたにもかかわらず、天台宗の年分度者として出家した僧たちは、比叡山に定着しなかった。大同二年（八〇七）から弘仁九年（八一八）の十二年間で、毎年二名、合計二十四名が得度したが、そのうち十四名が比叡山を離れている。しかも、そのうち六名は、法相宗に引き抜かれ（「相奪」）ている。つまり、年分度者制によって入ってくる僧侶の定員は保障されたものの、他宗への移籍が認められていたため結局は偏りが温存されていたのである。

ちなみにこの時期は、よく知られているように、密教典籍の貸し借りや、最澄の弟子・泰範《たいはん》が空海の弟子となってしまう事件などがあり、空海との関係が決裂してしまっている。最澄にとっては、ことさらに厳しい時期であったろう。このあたりの消息も興味深いものであるが、徳一との論争が目前に迫っているので、先を急ごう。

天台宗の運営が必ずしもうまくいかない、このような苦しい状況のなか、最澄は、弘仁八年

（八一七）に東国（関東地方）を訪問している。最澄が東国に向かった理由はいくつか考えられるが、前章でも述べたように、徳一の会津布教や空海が弟子を派遣したことと同様、当時行われていた官僧による東国布教活動にならったものと思われる。

最澄が訪れたのは、比叡山で修行を始めたころ、経典の書写などで支援をしてくれた道忠の教団があった地域であった。訪問の目的の一つに、支援に対する謝意を示すこともあったであろう。道忠はすでに亡くなっていたが、その弟子たちが活動していた。『叡山大師伝』には、**上野国**《こうずけのくに》（現在の群馬県）の浄土院（緑野寺）にいた教興、道応、真静ら、**下野国**《しもつけのくに》（現在の栃木県）の大慈院（大慈寺）にいた**広智**《こうち》、基徳、鸞鏡、徳念といった「道忠禅師の弟子」の名前があがっている。

最澄の弟子は、道忠教団の出身者が多い。武蔵国埼玉郡（現在の埼玉県）出身の**円澄**《えんちょう》（七七二〜八三七）は、道忠の弟子から初めて最澄の弟子となった人であり（田村一九八八）、『叡山大師伝』では「大安寺僧円澄」としても名前があがっている。『入唐求《にっとうぐ》法巡礼行記《ほうじゅんれいこうき》』で有名な**円仁**《えんにん》（七九四〜八六四）は、下野国出身で、広智の弟子である（佐伯一九八六）。円仁は、弘仁五年（八一四）に天台宗の年分度者として得度し、入唐して密教を伝えた。広智の弟子から最澄の弟子になった者としては、ほかにも、下総国《しもうさのくに》出身の**徳円**（生没年不詳）や、**安慧**《あんね》（七九四／八〇五?〜八六八）がいる。円澄が第二代の天台座主《ざす》、円仁は第三代、安慧は第四代の天台座主である。道忠教団の出身者が、比叡山の中心を担っていたことが知られる。

最澄は、東国訪問に際して、円澄・円仁・徳円を帯同している。彼らに道案内をさせるとともに、里帰りをさせるような意味もあったのかもしれない。最澄は東国で、菩薩戒の授戒や灌《かん》頂《じょう》の伝授など、様々な活動を行ったが、なかでも注目されるのは、上野国・下野国に宝塔を建てたことである。『叡山大師伝』には次のように述べられている。

二千部、一万六千巻の『法華経』を書写し、上野・下野の両国にそれぞれ一級の宝塔を建て、塔ごとに八千巻を安置した。その塔の下で、毎日『法華経』を長講《じょうごう》し、一日も欠かさなかった。それに加え『金光明経』『仁王経』などの大乗経典を長講した。……教化された者は百千万を超え、それを見聞した道俗は、歓喜しない者はいなかった。

最澄が宝塔を建てたのは、このときの上野国・下野国だけではない。比叡山を中心に、東西南北に**六処の宝塔**を建てたという。弘仁九年(八一八)四月二十一日の日付がある『六所造宝塔願文』には、次のように記されている。

安東、上野宝塔院。緑野《みどの》郡(今の群馬県)にあり。

安南、豊前《ぶぜん》宝塔院。宇佐《うさ》郡(今の大分県)にあり。

安西、筑前《ちくぜん》宝塔院(今の福岡県)。

安北、下野宝塔院。都賀《つが》郡(今の栃木県)にあり。

安中、山城《やましろ》宝塔院。比叡山西塔院にあり。
安総、近江《おうみ》宝塔院。比叡山東塔院にあり。（『六所造宝塔願文』）

安東とは、東方を安定させる、ということであろう。この宝塔それぞれに『法華経』『金光明最勝王経』『仁王経』という護国経典を安置し、その内容を解説する長講を行うことで、国境の守護を企図したと考えられる。比叡山が中央であるのはともかく、現在の地域で言えば、九州の北東部が安南と安西、北関東が安北と安東というのは、東西南北の配置としては偏っているようにも見える。最澄が上野国・下野国にそれぞれ安東・安北の宝塔を設置したのは、この地域で活動していた道忠教団の人々が、自らを日本仏教界の東端・北端と意識していたことを反映するものではないか、と考えられている（菅原二〇〇三）。そうであったならば、最澄が宝塔を建立することによって、道忠教団の人々が持っていた国境の感覚が裏づけられたことになる。

しかし、その認識は、当時の陸奥国の人々には共有されていなかった。窪田大介は、陸奥国の多賀城《たがじょう》廃寺が観世音寺《かんぜおんじ》式の伽藍配置であり、大宰府《だざいふ》観世音寺——安西筑前宝塔院が立てられた場所である——と同じ「観世音寺」という名称だったことなどから、陸奥国の仏教徒は国土の東端が陸奥国にあったと考え、自らを権威づけようとしていたのではないか、と推測している。道忠教団の人々と、徳一を含めた陸奥国の仏教徒とのあいだで、自分たちこそが国土の東端を守護している、という意識の対立があったのではないかというのである（窪田二〇一二）。

これらの推定が興味深く思えるのは、右の『六所造宝塔願文』が書かれたという弘仁九年に、最澄が**『守護国界章』**という文献を著しているからである。この文献については、これまでも何度か言及してきたが、規模・内容ともに最澄・徳一論争における中心的な文献の一つである。最澄が徳一に反論するために書いた著作は、『照権実鏡《しょうごんじっきょう》』（三乗と一乗の権実を照らす鏡）、『決権《けつごん》実論《じつろん》』（三乗と一乗の権実を決着するための論）、『法華秀句』（『法華経』がすぐれている点）といった具合に、論争の内容を端的に表したものが多い。『守護国界章』もまた、他の著作と同様、法相宗の教義を批判し、天台教学をはじめとする一乗思想を擁護する内容であり、鎮護国家的なことはほとんど書かれていないにもかかわらず、「国の境界／領域（国界）を守護する書」という名称がつけられているのである。ちなみに『守護国界章』には、草稿本と思われる『法華去《ほっけこ》惑《わく》』（『法華経』に対する疑惑を取り去る）という資料も残っている。こちらは、論争の内容をそのままタイトルにした形となっている。弘仁九年という同じ年に、最澄が宝塔によって仏教的に国の範囲を設定する作業を行ったことと、徳一との論争書に『守護国界章』というタイトルをつけたことは、連動していた可能性もある。

『守護国界章』における「守護国界」の考え方は、先に見た通り「方便の教えと真実の教えが声を揃えることで国境が守護され」る、というものである。やはりここにも、三論宗・法相宗の対立の枠組みが影を落としている。

論争の発端

さて、最澄・徳一論争は、徳一の書いた『**仏性抄**《ぶっしょうしょう》』という文献に対して、東国訪問中の最澄が応答したことで始まっている。最澄・徳一論争関連の著作で成立がもっとも早い『**照権**《しょうごん》**実鏡**《じっきょう》』の跋文に、最澄は次のように書いている。

弘仁八年、丁酉の年(八一七)二月、陸奥の『仏性抄』が、『法華経』を仮(権)の教えであると判定している。そこでこの鏡を作った。伏して願わくば、修行を同じくする者(同法)が、早く謗法《ほうぼう》の罪をやめ、同じく一乗の海に入らんことを。(『照権実鏡』)

この『仏性抄』は現存していないため、内容はほとんどわからないが、源信《げんしん》『一乗要決《ようけつ》』に逸文《いつぶん》が残っている。

『法華経』の一乗は仮(権)の教えであり、(ブッダが)本意を隠して説いた一乗である。したがって(次のことが)わかる。(鳩摩羅什訳の)『妙法蓮華経』でいう「方便品《ほうべんぼん》」は、(竺法護訳の)『正法華経』では「善権品」と言われる。これは、下を受け入れる方便(接下方便)と、上を顕示する方便(顕上方便)であり、これらを方便とよんでいる。(声聞乗・独覚乗の)二乗を受け入れ、一乗に帰依させるのが接下方便である。二乗の人々のために一乗を顕示するのが顕上方便である。したがって方便品では「私(ブッダ)は方便を用いて、(汝らを)ブッダの智慧に入らせるのだ」と述べられ、また「この『法華経』という蔵は、方便の門を開き、真実の相を示す」と言われる。(「方便の門を開き」という)上の句は接下方便であり、(「真実の相を示す」という)下の句は顕上方便である。(『一乗要決』)

まさしく、「『法華経』を仮(権)の教えであると判定している」と言うような内容であるが、徳一が『仏性抄』を誰に対して説いたのかはわからない。最澄ではなく、道忠教団の人々に対して説かれたものではないか、という説が有力である。それを最澄が、代わりに反論したのである。最澄は弘仁八年三月に下野国の大慈寺で活動をしているので、二月の日付がある『照権実鏡』は、東国に着いてから書かれたものではないかと推定されている(薗田一九九一)。

自分自身に対するものではなかったとはいえ、経典の書写で支援をしてもらい、大安寺とも近い関係のある鑑真グループの道忠教団に対して、法相宗の徳一からこのような書物が送られてきたのである。三論宗・法相宗の対立解消に向けて尽力しつつも、天台宗の年分度者が法相宗に流れてしまっていたころの最澄が、これを目にしたとき、その心中に去来した思いはどのようなものであったろうか。少なくとも、個人間の対立という意識でなかったことは容易に想像できる。

最澄・徳一論争をどのように捉えるかは、研究者によって様々であろうが、「関東数千数万の民衆の存在を背景として戦われた一種の宗教戦争」であり「最澄にしろ徳一にしろ、彼らの教化に従う数千数万の民衆のためには断じて負けられない論争であった」(薗田一九九二)といった理解は、いささかロマンチシズムにすぎるようにも思われる。もちろん、命がけで仏教を学んでいた最澄と徳一――特に最澄の場合、当時の遣唐使はまさに命がけであった――は、現在の我々の想像を絶する気概で論争をしていたであろう。そして、その気概を支えるもののなかには、当時、彼らが関わっていた人々――最澄であれば、比叡山だけでなく、道忠教団や大安寺の人々、和気氏など。徳一であれば、陸奥国や常陸国の国司など――や、中央において対立を続けていた三論宗・法相宗をはじめとする仏教界の状況なども含まれていたであろう。また、徳一『仏性抄』に書かれていたことは、少なくとも最澄には「謗法の罪」を犯しているように見えたわけであるから、ある種の「宗教戦争」という面もあったであろう。

一方で、徳一が空海に宛てて書いた、唯一現存する徳一の著作である『真言宗未決文《しんごんしゅうみけつもん》』を見ると、「宗教戦争」とは異なるモチベーションが見てとれる。徳一は真言密教についての十一の疑問を列挙した後、次のように述べる。

ここに述べた様々な疑問は、おそらくは謗法の業となり、無間地獄《むげんじごく》に堕ちる報いを招くことになるかもしれない。ただ、疑問を決し、智慧と理解を増やし、ひたすら信じることに帰し、もっぱらその教えを学ぶことを欲しているだけである。願わくば、同じく仏法を学ぶすべての人は、ここにあげた疑問によって、かの真言宗を嫌い軽んじることがないように。（『真言宗未決文』）

ここには、疑問を呈することによって「謗法の罪」を犯し地獄に堕ちるリスクがあったとしても、疑問（未決）を解決するためにあえて質問したい、という徳一の、あえて言えば個人的な動機、覚悟がうかがえる。『仏性抄』を書いた徳一の気持ちも、もしかすると、このようなものだったかもしれない。

このような徳一の言葉を、空海がどのように受け取ったかはわからない。空海は、徳一の質問に対して、ほぼ沈黙を守ったからである。一方の最澄は、自分に対する疑問ではないのに徳一に反論し、徳一の行為を「謗法」と受け取ったのであった。

論争の経過

最澄・徳一論争でどのような文献が書かれ、相互にやりとりされたのかについては、xviページの図を参照されたい。このうち、『中辺義鏡』と『守護国界章』の論争（の一部）は第三・四章で、『通六九証破比量文』の法相宗批判については第四章で、『法華輔照《ぶしょう》』で述べられる仏性論争史については第五章で解説するので、そちらをご覧いただきたい。

図にあがっている文献以外にも、論争に関わっている著作があったことが知られている。たとえば、『決権実論』には、『守護国界章』『照権実鏡』と並んで『一乗義集』という書名があげられている。最澄・徳一論争に関連する著作であることは間違いないが、情報がないため、どのような内容なのかはわからない。

近年、船田淳一によって徳一の『**教授末学章**《きょうじゅまつがくしょう》』の逸文が見出された(楠ほか二〇一九)。二十一世紀になってもこのような発見があることには驚きを禁じえない。この文献が『決権実論』に対する批判なのか、その前の「原『決権実論』」に対する批判なのか、現時点でははっきりわかっていないが、今後の研究の進展が期待される。まだまだ未発見の文献があるかもしれない。

仏典目録には、このほかにも最澄・徳一論争に関わる徳一の著作と思われるものとして、『慧日羽足《えにちうそく》』三巻、『中辺義鏡残《ちゅうべんぎきょうざん》』二十巻、『義鏡要略《ぎきょうようりゃく》』(巻数不明)、『通破四教章』一巻、『法華要略』三巻、『法相了義灯』十一巻、『法相了義灯問答』一巻などが見出される。いずれも現存していないので、書名や逸文(他の著作に引用された断片)などで推測するほかない。

『**慧日羽足**』は、『決権実論』や『法華秀句』に、『中辺義鏡』や『遮異見章《しゃいけんしょう》』とセットで言及される著作である。したがって、最澄・徳一論争のなかで書かれたものであることは間違いないが、ほとんど逸文も残っておらず、『決権実論』より前に書かれたということ以外、他の著作との関係はわからない。この書名は、唐の慧沼《えしょう》(六四八〜七一四)が法宝の一切皆成説を批判するために書いた『能顕中辺慧日論』を補佐、補足する、という意味である(『一乗要決』)。法宝と慧沼は、xvページの図にあげたように、最澄・徳一論争に先行する唐での論争を代表する人物である。先にも述べたが、徳一は、自身の寺を慧日寺としたり、自著の書名を『中辺義鏡』としたりするなど、慧沼に対する強いシンパシーを持っていたように思われる。『法相了義灯』『法相了義灯問答』もまた慧沼の『成唯識論了義灯』からきているのであろう。

『**中辺義鏡残**』は、その書名から推測されるように、『中辺義鏡』を増広したものと思われ、その巻数から最澄・徳一論争では最大の書物であると考えられる。最澄のどの著作に対する批判なのかははっきりしないが、逸文などから『法華秀句』以降に書かれたものと推定されている(佐藤ほか二〇一四)。源信『一乗要決』でのみ引用されている『**義鏡要略**』は、内容的に『中辺義鏡』で主張された教理の典拠を示すものであったと推定されている(田村一九八六)。このように、『中辺義鏡』に関連する著作が複数著されていることを考えると、徳一にとって『中辺義鏡』が重要な著作であったことがうかがわれる。

『通破四教章』一巻、『法華要略』三巻、『法相了義灯』十一巻、『法相了義灯問答』二巻は、書名が知られるだけで、最澄から言及されているわけでもないので、最澄・徳一論争との関連は不明である。しかし、『通破四教章』はそのタイトルから『守護国界章』上巻における天台教学(化儀四教・化法四教――第四章参照)に関連していると思われ、『法華要略』は同じく『守護国界章』下巻で展開される華厳教学をめぐる議論との関係が指摘されている。『法相了義灯』はほとんど手がかりがないが、『守護国界章』や『法華秀句』との関連が推測されている。したがって、広く言えば、これらも論争に関わる著作だと考えてよいだろう。

最澄・徳一論争の文献の全体像については判然としない部分もあるが、存在したことが確実にわかるものだけ見ても、大量の文献が短期間にやりとりされたことがうかがえる。

論争の終結とその後

論争の具体的な内容については、次章以降に述べることになるので、ここでは論争がどのように終わり、その後どのように継続したかについて、先取りして見ておきたい。

最澄・徳一論争に関する文献で、現存する最後のものが『**法華秀句**』であり、その直後に最澄が亡くなってしまうこともあって、そこで一応の終結を迎える。こういった論争で、どちらが勝ったとか負けたとかは言えないものであろうが、たとえば薗田香融のように、「あくまで最澄の立場に立っての観察」と留保しつつも、「「法華判権」にはじまった徳一の挑戦は、最澄の五年にわたる対決を通じ、「法華最勝」を結論とすることによっていちおうの終幕を迎えたのである」と述べる研究者もいる(薗田一九八二)。徳一がどのタイミングで最澄の死を知ったのかはわからないが、最澄・徳一論争のなかで最大の著作は、『法華秀句』後に書かれたと思われる『中辺義鏡残』二十巻であり、少なくとも徳一のなかでは論争が継続していたのかもしれない。反論してくれる相手がおらず、『中辺義鏡残』自体も残っていないのであれば、薗田のような印象を持つ者がいるのもしかたがないことかもしれないが。

筆者は大学生のとき、ある教員から「研究者どうしの論争は、長生きしたほうが勝ち」と教わったことがある。俗に言う「死人に口なし」である。ちなみにその教員は、当時、海外の研究者と論争をしていた。最澄は徳一より早く亡くなったが、著作の現存状況だけ見れば徳一の声を伝える「口」は失われており、著作が残った最澄のほうが「長生き」であったとも言える。『法華秀句』をもって論争の終結とみなす言説を目にするたび、その教員の教えは当たっていたのかもしれない、と思い出す。

最澄没後の展開を知るうえで参考になるのが、第四代天台座主であった安慧の『愍諭弁惑《みんゆべんわく》章《しょう》』である。同書は、次のような序文から始まる。

東隅に一人の謗法者がいた。邪《よこしま》な執着は積年のもので、学者が市をなした。十二条の義章を著して、天台宗に干渉してきて、ついに謗法の章をなした。（『愍論弁惑章』）

つまり、天台の教義に対して十二条の疑問を投げかけてきた「東隅の謗法者」に対して反論した、というのがこの『愍諭弁惑章』なのである。この「謗法者」が誰かは判然としないが、天台宗の学僧・安然《あんねん》（九～十世紀）の『教時諍論』には、次のような言及が見られる。

東土の恵日寺の徳溢法師は、天台を論破しようとして、多く章疏を造った。そこで大師(最澄)は、『守護国界章』『法華去惑』『法華輔照』『照権実鏡』『決権実論』『依憑天台集』『通六九証破比量文』を造った。安慧座主の伝灯の時代、また『愍諭弁惑章』三巻が作られ、徳溢の『天台宗未決義』一巻を論破した。(『教時諍論』)

ここから『愍諭弁惑章』が批判する「十二条の義章」は徳一の『天台宗未決義』ではないかとも考えられてきたが、実際に『愍諭弁惑章』を読んでみると、それほど単純なものではない。たしかに「東隅の謗法者」は徳一のイメージと重なるが、たとえば『愍諭弁惑章』では、この「謗法者」のことを「蝙蝠《こうもり》」とよぶ一方、第七の疑問は「蝙蝠者の門徒」が作ったと書かれている。つまり、仮に徳一がこの「蝙蝠者」であったとしても、第七の疑問は徳一の作ではなく、徳一の「門徒」ということになる。

しかも興味深いことに、安慧は第七の疑問の後に、天長七年(八三〇)に書かれた三論宗・玄叡の『大乗三論大義鈔《だいじょうさんろんだいぎしょう》』に書かれた天台批判を引用し、反論している(木内二〇一二)。先にも見たように、『大乗三論大義鈔』は、空有の論争における三論宗側の主張を代表する著作の一つである。さらに言えば、「三一権実諍論」という言い方で、法相宗だけでなく、天台宗の一乗思想を批判しているのも、この『大乗三論大義鈔』である。かつては、どちらかといえば最澄と共闘していた三論宗が、公然と天台宗を批判するようになったため、安慧はそれに反論せざるを得なかったということであろう。

また、第十二の疑問のあとには、安慧による跋文がついている。それによれば、十二番目の疑問に対する一通りの回答のあとに「有る人」の説としてあげられている比量(三支作法で立てられた論証式——第四章参照)は、下野薬師寺の別当であった法相宗の智公が立てたものであるという。

右の一箇の比量は、下野州薬師寺の別当僧、法相宗の智公が、承和十四年(八四七)四月十三日、国分寺の塔での法会(国分塔会)で立てたものである。法会の場ではすぐに過失を検討することができなかった。今、追って、その立てられた三支を検討してみると、間違ったところが多くあり、誤った比量(似比量)であった。天台宗沙門、伝灯法師位の安慧は、下野大慈寺の菩提院に遊行していたとき、いささか鈔録を記し終わった。伏して願わくば、私と同じく修行する者、後の賢哲よ、(私の不勉強を)笑わないでいただきたい。承和十四年四月十五日。(『愍諭弁惑章』)

下野の大慈寺は、安慧の師である広智が住していた道忠教団系の寺院である。この記述は、おそらくは下野国分寺(塔の跡が残っている)で行われた法会で、因明(仏教論理学)を用いた教義問答(**論義**)が行われていたことを示す貴重なものである(吉田二〇一五)。論義の法会(論義会)は、現在ではほとんど見られないものの、古代から中世にかけての日本仏教において、たいへん重要な役割を果たしたものである。日本仏教の教義を進展させる原動力となったのは、限られた天才の偉業ではなく、有名・無名の学僧たちによる問答・論義を通じた共同作業の積み重ねであった。

ともあれ、安然が言うように『愍諭弁惑章』が「蝙蝠者」徳一が最澄に宛てて書いた『天台宗未決義』への反論だったとしても、そこには「蝙蝠者門徒」、三論宗の玄叡、法相宗の智公の言説が混在し、一対一の論争ではなくなっている。最澄・徳一論争も、特に最澄の側には多くの関係者の影が見えていたが、それが表面に出てきた、と言えるかもしれない。ともかくこのような形で、最澄・徳一論争は後代に継承されたのである。

ちなみに、最澄・徳一論争のその後の影響については、吉田慈順による興味深い研究がある。吉田は、最澄が提示した法相宗の『法華経』理解への批判が、後にどのように法相宗側に受け取られたかを追いかけている。その批判に対して徳一が反論したという記録はないが、貞観《じょうがん》年間(八五九〜八七七)の法会で、法相宗に対して同じ批判が出され、法相宗側が答えられなかった、という記録が残っている。そして、その後、法相宗側が厳密な反論を示すのは、鎌倉時代の**貞慶**《じょうけい》(一一五五〜一二一三)まで下るということである(吉田二〇一九)。ここから吉田は「法相宗内における最澄・徳一論争に対する認識は、貞慶のころまでに段階的に深められたものであり、その初期段階における波及範囲は極めて限定的なものであったと推測される」と言う。

たいへん重要な指摘であるが、筆者としてはむしろ逆に考えたい。最澄と徳一のやりとりが急激すぎたのである、と。法相宗内で共有し、消化するのに二百年もかかるような議論を、しかも一つだけでなく多岐にわたって、わずか五、六年のあいだにやりとりしていた最澄と徳一を基準にして判断すべきではないのではないか。

これまで見てきたように、最澄・徳一論争には、その背景にきわめて多様な知のネットワークが存在していた。その意味では、最澄・徳一論争を一対一の対決と見ては、その内容を読み誤る。一方で、この短い時間でこれだけ大量の問答を行うことができたのは、最澄と徳一という強烈な個性があったからこそ、と言えるだろう。

第三章　釈迦の不在をいかに克服するか——教相判釈という哲学

1　『守護国界章』の論争を読む

論争を読み解くポイント

この章から、最澄・徳一論争で交わされた論難・応答の実際を見ていきたい。とはいえ、前章でも述べたように、現在、我々の手元にある最澄・徳一論争に関わる文献は、すべて最澄のものだけである。したがって、以下に見るやりとりは、すべて最澄によって取捨選択され、場合によっては改変されている可能性もないわけではない。ただ、これから見ていくように、最澄の引用には、省略や要約をなるべくしないようにする態度も見られることから、徳一の発言をよく残しているのではないかと思われる。

最澄・徳一論争は、しばしば「**水かけ論**」のように評価されることがある。お互いに自身の立場——最澄は一乗思想、徳一は三乗思想——を一歩も譲らず、対立したままで終わってしまった論争という捉え方である。たしかに、そういった傾向は見られる。そもそもそういったことは、この論争だけでなく、論争一般に見られるものであろう。誰しも敗北は認めたくないし、自分の思想を変えたくはないのだから。

ただし、それだけで最澄・徳一論争を評価するべきではないと、筆者は考えている。水かけ論に見えてしまうのは、最澄や徳一が述べる思想の部分ばかりに注目し、どのように相手を論破し、説得しようとしたのか、という点に注目してこなかったためではないかと思う。

では、自身の正しさを証明し、相手の誤りを正して、納得させるにはどうすればよいのか。仏教で広く用いられる方法が、聖典による証明（**教証**《きょうしょう》）と論証（**理証**《りしょう》）である。前者は、「『法華経』には、すべての衆生がブッダになれると書いてあるから、一乗説が正しい」という具合に、仏教徒にとって絶対に正しいブッダの言葉を引用して、自身の立場の正しさを主張する方法である。しかし、『法華経』と反対のことを言っている仏典は数多くある。どちらも同じブッダの言葉＝**仏説**である。同じブッダが説いたはずなのに、経典によって言っていることは異なり、場合によっては相互に矛盾する場合もあるので、経典を引用するだけでは大抵の場合、相手を説得できない。そこで、ブッダの言葉をある種の〝公理〟とし、相互に矛盾するブッダの言葉のあいだで整合性をとるような合理的な解釈を提示することで、自身の正しさを論証しようとするのが理証である。

ここからは、最澄と徳一がどのように相手を論破しようとしたのか、その方法にも注目しながら、論争の内容を見ていこう。特に最澄の場合、そこにこそ彼の思想が見えてくるのではないかと思う。本章では主に教証を用いるやりとりについて見ていくことになるだろう(理証については次章)。

とはいえ、最澄・徳一論争における複雑なやりとり全体を、本書で一つ一つ見ていくことはできないので、ここでは教相判釈《きょうそうはんじゃく》や一切皆成・五姓各別をめぐる論争などを中心にとりあげることになる。紙幅が許せばすべての論点を網羅したいところであるが、実際には第一・二章で見た歴史的背景とリンクするものを中心に——言い換えれば〝最澄・徳一論争は空有の論争の延長線上にある〟といった筆者の見方に都合がよいものを中心に、取捨選択して紹介している(その問題点については、第五章で論ずる)。幸い、最澄・徳一論争に関する文献は大竹晋によって現代語訳(大竹二〇二一)がなされたので、ぜひそちらを手にとっていただきたい。

『守護国界章』の構成

さて、最初に見ていくのは、この論争で現存する最大の著作である最澄『守護国界章《しゅごこっかいしょう》』九巻である。同書は、徳一の『中辺義鏡《ちゅうべんぎきょう》』三巻に対して反論をしたものであり、おそらくは『中辺義鏡』の全文を逐一引用しながら、それを批判する、という体裁になっている。

『守護国界章』は、上・中・下の各巻がさらに上・中・下に分割されており、巻上之上から巻下之下まで、都合九巻となっている。各巻のなかで、内容によって章が立てられており、「弾謗法者浅狭三時教章第一（仏法を謗《そし》る者＝徳一が信じる浅くて狭い三時教を弾劾する章・第一）」のような章題が最澄によってつけられ、多くの章で序文も添えられている。

『守護国界章』は、大きく見れば以下の五部構成となっている。

第一部　法相宗の三時教判に対する批判と、天台宗の五時教判の擁護（巻上之上～巻上之下、第一～九章）

第二部　『摩訶止観』批判に対する反論と、徳一の止観論に対する批判（巻上之下、第十～一三章）

第三部　『法華玄義』批判に対する反論（巻中之上～巻中之中、第一～八章）

第四部　『法華文句』批判に対する反論（巻中之中～巻中之下、第九～二六章）

第五部　一切皆成説批判と五姓各別説の論証に対する反論（巻下之上～巻下之下、第一～一二章）

ここから『中辺義鏡』の構成が、以下のようなものであったことが推定される。

第一部　法相宗の三時教判の提示と、天台宗の五時教判の批判

第二部　『摩訶止観』批判と、徳一の止観論の提示

第三部　『法華玄義』批判

第四部　『法華文句』批判
第五部　一切皆成説の批判と五姓各別説の論証

このうち第一部の**教相判釈**《きょうそうはんじゃく》については、次節から見ていくので、詳細はそちらで述べたいと思うが、一つだけ指摘しておけば、ここで議論される法相宗の三時教判は、前章で見た空有の論争に大きく関わる思想である。また徳一は、自身を「中主」とよび、批判対象を「辺主」とよんでいるが、これらの呼称もまた空有の論争に関わるものである。

第二〜四部は、**天台三大部**とよばれる天台教学を大成した天台大師**智顗**《ちぎ》(五三八〜五九八)の主著への批判である。第二部にある**止観**とは、坐禅《ざぜん》のような瞑想のことである。近年、日本ではテーラワーダ仏教が普及しているが、そこで指導されているサマタ瞑想とヴィパッサナー瞑想について耳にしたことがある読者もいるだろう。止観の止はサマタに、観がヴィパッサナーに相当する(内容はいろいろ異なるが)。徳一は、天台宗の瞑想修行について書かれている『**摩訶止観**』を批判し、法相宗で重視される『**瑜伽師地論**《ゆがしじろん》』にもとづいた独自の止観論を提示しているのである。

第五部では、法宝《ほうぼう》『一乗仏性究竟論』を批判するとともに、徳一が立脚する五姓各別説の論証が行われている。

書名の由来

ところで、前章でも見たように、この『守護国界章』という書名は、最澄・徳一論争の諸著作のなかではやや特殊である。最澄の他の著作が論争に即したタイトルになっているのに対して、『守護国界章』だけは「国境を守護する章」と、論争とはあまり関係ないようなタイトルになっている。なぜこのような題になったのか。『守護国界章』の冒頭、巻上之上・第一章に付された序文は、同書全体の序文にもなっているが、そこに「守護国界」についての言及があるので見ておこう。まず、最澄の書いた原文の雰囲気を知っていただくために、書き下しをあげておきたい(原文は漢文)。

夫《そ》れ双林《そうりん》の五味《ごみ》は、金口《こんく》を開きて経を指し、光耀《こうよう》の三時は、領意《りょうい》より出でて可《か》を被《こうむ》る。是《こ》の故《ゆえ》に、天親《てんじん》は味を引きて経を判じ、智光は時に依りて教を定む。是《ここ》を以て、一乗・三乗は遠く唐の東に伝わり、仏性《ぶっしょう》・法性《ほっしょう》は遥《はる》かに羯西《かっさい》に開かる。是《ここ》に於いて、天台智者は妙法を釈尊に聴き、慈恩の乗基《き》は函杖《かんじょう》を玄奘《げんじょう》に授かる。五味と三時は機に随いて雷霆《らいてい》し、三車と四車は輪を比べて運載す。権と実とは韻《いん》を同じくして、国界を守護し、偏と円とは轍《てつ》を異にして、広く黎元《れいげん》を済《すく》う。乃《すなわ》ち奥州会津県に溢《いつ》和上有り、法相の鏡に執し、八識の面を鑑《かんが》み、唯識の炬《かがりび》を挙げ、六《ろっ》境《きょう》の闇を照らす。忽《たちま》ち中辺義鏡三巻を造り、盛んに天台法華義を破す。章句を披閲するに、麁語《そご》稍《やや》多し。自ら中主と称するも、法苑《ほうおん》の文に似たり。天台を凡公《ぼんこう》と為すは、下情《げじょう》には測《はか》り難《がた》し。問いを和上に発《おこ》さん、権の為の故に央掘《おうくつ》の弁を吐くや、当に愚の為の故に婆藪《ばす》の執に堕するや、と。且《しばら》く執の垢を洗除せんが為に、諸家の文を集めて、敬《うやうや》しく喜根《きこん》の頌《じゅ》に代え、遥かに加持の字を馳せんと、云爾《しかいう》。（『守護国界章』）

全体的に対句で書かれ、表現に工夫が見られる。しかし、省略が多くわかりにくいだろう。次に省略部分を補いつつ、現代語訳をあげよう。

そもそも（天台宗の五時教判の根拠となった）沙羅双樹《さらそうじゅ》（の下で説かれた『涅槃経』）の五味の説は、ブッダがその口を開いて（直接説いた）経であるが、（法相宗の三時教判の根拠となった）光り輝く（浄土が舞台の『解深密経』）の三時の説は、（聴衆の一人である勝義生菩薩が）理解したことを述べたことを（釈迦が）認可したものである。このため（法相宗が祖師とする）天親《ヴァスバンドゥ》は（『法華論』のなかで『涅槃経』の）五味の教えを引用して経典を判別し、（法相宗が批判する清弁の弟子の）智光は（『大乗妙智経』の三）時の教えによって（法相宗の三時教判とは異なる順序で）教え（の順序）を確定したのである。

このようにして一乗・三乗は遠く唐の東にも伝わり、仏性・法性（の教え）は靺鞨《まっかつ》の西で開陳された。そして、（天台宗の祖である）天台智者大師（智顗）は『妙法蓮華経』を釈尊から直接聴き、（法相宗の祖である）慈恩寺の大乗基は玄奘から（間接的に）師資相承したのである。

（天台宗が依拠する）五味と（法相宗が依拠する）三時の教えは、それぞれ聴衆の能力に応じて雷鳴のごとく説かれ、三車説（を唱える法相宗など）と四車説（を唱える天台宗など）とが両輪となって（衆生を）運載する。方便の教えと真実の教えが声を揃えることで国境が守護され、偏った教えと完全な教えとが轍《わだち》を異にする（＝両輪となる）ことで幅広い民衆を救うことができるのだ。

しかるに、奥州会津県に徳溢（徳一）という和上がおられる。法相宗という鏡に執着して、八識説という顔ばかりを見、唯識という松明をかかげて、六境（六つの認識対象）の闇を照らそうとしている。突然に『中辺義鏡』三巻を著し、盛んに「天台法華義」を批判している。その中身を読ませていただいたが、無礼な言葉が多いように思われる。

（徳一は自身を弥勒《マイトレーヤ》・世親《ヴァスバンドゥ》などと並ぶ）「中主」と自称しているが、その中身は（基の）『大《だい》乗法苑義林章《じょうほうおんぎりんじょう》』に似て非なるものである。天台智顗を「凡公」とよぶ意図は、卑見には測りかねる。そこで和上に質問させていただきたい。（衆生を導く）方便として（多くの罪を犯した）アングリマーラのような主張をしているのか、それとも単に愚かであるためにヴァス仙人のように執着してしまっているのか、と。

これからしばらく（徳一の）執着の垢を洗い落とすために、諸家の文を集めて、恭しく（諸法実相を説いた）喜根菩薩の偈頌《げじゅ》の代わりとし、仏・菩薩が衆生を守護する力を文字として届けよう。（『守護国界章』）

最初の段落は第一部の論争の要約となっているので、詳しくは次節に譲るが、先にも述べたように**空有の論争**と接続する部分である。なかほどの「**中主**」という表現も、空有の論争に関連する言葉である。

次の「天台智者大師は『妙法蓮華経』を釈尊から直接聴き」というのは、天台宗の祖である智顗が、師の慧思《えし》とともに、過去世に霊鷲山《りょうじゅせん》で釈迦が『法華経』を説くのを聴衆の一人として直接聞いた、という伝承（章安灌頂《かんじょう》『隋天台智者大師別伝』など）を述べている。一方、対になっている「慈恩寺の大乗基は玄奘から師資相承した」というのは、玄奘の弟子であり、法相宗の初祖である基（「大乗基」というのは、玄奘の弟子たちが「大乗」を姓のように名乗っていたことによる）の説が、玄奘を経由した間接的なものであると述べている。つまり、最澄は、釈迦の直説に基づく天台教学のほうが、弟子の理解にすぎない法相教学と比べて優位であることを主張しているのである。この見方は、前章で見た経宗・論宗という見方と共通する。

次の段落（「五味と三時の教えは……民衆を救うことができるのだ」）は、前章でも指摘したように、三論宗と法相宗の対立を調停しようという詔勅のなかの表現――「（三論・法相両宗は）並んで車軸を分担し、揃って（車を）進めている」――とよく似ている。すなわち、一見、思想的に対立するような二つの宗が、両輪のようにはたらくことで、衆生を救い、国境を守護するというのである。ここで「守護国界」という表現が出てくるが、同じ表現が『守護国界章』の末尾にも見られる。

> 願わくば今より後、国に謗法の声がなく、万民が数を減らさず、家々で『法華経』の頌を讃え、(『仁王経』に説かれる)七難を退散せしめんことを。国境を守護(守護国界)するというのは、思うにこのことを言うのではないか。(『守護国界章』)

先に見たように「一目の網では鳥を捕まえることはできない」という理念にもとづく**年分度者制**は、複数の宗の併存によってこそ、人々を救済できる、という考え方に基づく制度であった。そのなかで、この「目」の一つである天台を批判することは――大げさに聞こえるかもしれないが――国家＝天皇に対する反逆だ、というのが最澄の主張なのであろう。だからこそ、徳一に対する批判においては、天台宗の正義のみで戦うのではなく、「諸家の文を集め」ることが必要なのである。この考え方は後にも出てくるので、ご記憶いただきたい。

最澄は、徳一が「**天台法華義**《てんだいほっけぎ》」を批判した、と述べている。現在、この「天台法華義」は、具体的な書名かどうかはわからないものの、最澄が書いたものではなく、道忠教団で書かれた天台教学の綱要書ではないかと考えられている。

そして最澄は、徳一への批判を「喜根菩薩の偈頌の代わり」に行うのだと言う。喜根菩薩とは、『諸法無行経《しょほうむぎょうきょう》』という経典の登場人物である。概要は以下の通り。

ある時、喜根という名の菩薩があった。彼は、すぐれた能力を持った人々のために、あらゆる存在の真実のすがた（諸法実相）ばかりを明かし、「貪欲《とんよく》は悟りへの障害ではない」などと説いて、少欲知足《しょうよくちそく》などを讃えることがなかった。しかし、戒律を護持する勝意比丘《しょういびく》には、喜根菩薩が妄説を説いて衆生を迷わせていると思われ、それを衆人に語った。その時喜根菩薩は、諸法実相についての偈《げ》を説いて多くの聴衆を利益したが、勝意比丘は裂けた地面より大地獄へと堕ちた。その比丘がきわめて長い時間を経て転生したのが今の文殊《マンジュシュリー》菩薩であるという。（『諸法無行経』）

このエピソードについては、喜根菩薩の説法が結果的に勝意比丘を大地獄に堕とすことになったことをめぐって、喜根菩薩のしたことは正しかったのか、という議論が天台宗のなかでなされている（『法華文句』）。この問題提起に対して、天台教学では、勝意比丘はどちらにせよ謗法をするので、地獄に堕ちることはわかっていても、喜根菩薩はあえて慈悲によって説いたのだ、と考える。

最澄は、喜根菩薩に自身を重ね、徳一を地獄に堕ちた勝意比丘に見立てている。『守護国界章』のなかでは「徳一が謗法の説によって後学を阿鼻地獄に引きずり込もうとしている！」といった警告が繰り返しよびかけられている。要するに最澄は、国境を守護し、人々を救うためにも、慈悲によって徳一を批判し、地獄に堕ちてもらおう、と言っているのである。しかしそれは、徳一が永遠に救われないということではない。最澄は、徳一が長い堕地獄の先に、ふたたび修行者となり、やがてはブッダとなると考えていた（師二〇〇四）。『守護国界章』巻上之下で、最澄は言う。「麁食和上は必ず当《まさ》に仏に作《な》るべし」と。『守護国界章』はこのようにして幕を開けるのである。

2　教相判釈という思考方法

アビダルマ仏説論

右に見たように、『守護国界章』の第一部は**教相判釈**《きょうそうはんじゃく》をめぐる論難の応酬である。教相判釈（教判）とは、多種多様なブッダの教説（経）を、説法の形式や内容、説かれた場所や時期などによって分類し、価値づけし、体系化することで、ブッダの真意は何かを明らかにしようとする〝メタ仏教〟とでも言える思想的な営みである。京都学派の高山岩男《こうやまいわお》（一九〇五～一九九三）は、教相判釈をヘーゲル（一七七〇～一八三一）の体系にも重なる「哲学の哲学」と見ていた（朝倉二〇一四）。

教相判釈の例を一つあげておこう。天台宗では**五時八教**と通称される教相判釈を主張するが、そのうち**五時教判**では、釈迦の説法を五つの「時」で分類する。

①悟りを開いた直後に『華厳経』が説かれたことから、最初は**華厳時**
②次に鹿野苑《ろくやおん》で阿含経《あごんきょう》(初期仏教経典)の説法を始めたことから**鹿苑時**《ろくおんじ》
③その後、大乗経典(方等経《ほうどうきょう》)を説き始めたので**方等時**
④次に般若経典を説いたので**般若時**
⑤釈迦が人生の最後に『法華経』『涅槃経』という真の教えを説いた**法華涅槃時**

このような五つの段階にしたのは、『涅槃経』の五味の教説にもとづく。

善男子よ。譬《たと》えば牛から乳が出て、乳から酪《らく》が出て、酪から生酥《しょうそ》が出て、生酥から熟酥《じゅくそ》が出て、熟酥から醍醐《だいご》が出て、醍醐が最上であり、もしそれを服用すればあらゆる病気がすべて除かれ、あらゆる薬がそのなかに入っているようなものである。善男子よ。ブッダもまた同様である。ブッダより十二部経が出て、十二部経から修多羅《スートラ》が出て、修多羅《スートラ》から方等経が出て、方等経から智慧の完成(般若波羅蜜)が出て、智慧の完成から大涅槃が出るのは、醍醐のようなものである。(『涅槃経』)

ここでは、①乳→②酪→③生酥→④熟酥→⑤醍醐という乳製品の段階的な生成(五味)を、ブッダの説法の段階的進展の譬喩《ひゆ》として用いている。天台ではこれを①華厳時→②鹿苑時→③方等時→④般若時→⑤法華涅槃時と解釈したのである。先に見た『守護国界章』の冒頭で「沙羅双樹(の下で説かれた『涅槃経』)の五味の説は、ブッダがその口を開いて(直接説いた)経である」

というのは、五時教判が『涅槃経』という如来の直説を根拠としていることを意味している。このような具合に経典の内容と整合性をとりつつ整理しているのであるが、たしかにブッダが亡くなる直前に、説法の総仕上げとしてそれまで述べなかった真意を述べたのだ、という説明には説得力がある。

教相判釈には、これ以外にも、三論宗の三種法輪、華厳宗の五教十宗、法相宗の三時教判など、いろいろな種類がある。このような解釈や整理を通じてブッダの真意＝仏教全体で現された真理を探ろうとするのが、教相判釈である。

教相判釈は中国で発達し、様々な種類が考案されたこともあって、東アジア仏教（漢字文化圏の仏教）の特徴とも考えられており、最澄・徳一論争を理解するうえでも重要である。ただ、その思想的な（少なくとも筆者にとっての）おもしろさを考えるためには、釈迦の時代まで遡る必要がある。やや遠回りになるが、インド以来の仏教の流れをおさらいしておこう。

インドで仏教が始まって以来、仏教の聖典を総称して三蔵と言う。『西遊記』でおなじみの「三蔵法師」の「三蔵」である。三蔵は、その名の通り三つの「蔵」からなる。

経蔵（スートラ）……釈迦をはじめとするブッダが説いた教え（「経」と言った場合、狭義にはこれを指す）。

律蔵（ヴィナヤ）……釈迦をはじめとするブッダが制定した仏教教団や修行者（僧侶）のため

のルール（戒律）。
論蔵（アビダルマ）……ブッダの教えを体系化したり解釈したりした仏弟子の著作。

釈迦が亡くなってから、仏弟子たちの態度は大きく二分した。一つは、三蔵をそのまま、一文字も欠けさせることなく、そのまま伝承しようという態度である。これは、現在のタイやスリランカに伝わった、いわゆる**南伝仏教**に見られる。一方、現在のパキスタンやアフガニスタンを経由して、中央アジア、中国、朝鮮半島、日本のそれぞれの地域で発展した**北伝仏教**では、論蔵、すなわちアビダルマを拡充したり、新たに仏説を創出したりする方向に展開した。アビダルマでは、釈迦が聴衆にあわせて説いた様々な教えを整理、体系化するだけでなく、釈迦の異なる発言のあいだで齟齬があればそれを矛盾なく解釈できるようにし、釈迦が触れなかった問題については、釈迦の説いた教えから演繹することでそれを補った。先に述べた教証・理証は、アビダルマのなかでも盛んに用いられている。

これを徹底したのが、**説一切有部**《せついっさいうぶ》という部派である。説一切有部は、後の東アジア仏教では「小乗（劣った道）」を代表するとみなされてきたグループである。しかしながら、彼らは大乗仏教が成立する前から存在する主流派《メインストリーム》であり、少し想像すればわかることであるが、自らを「劣った道」と名乗るわけはないので、彼らを「小乗」とよぶのは大乗仏教側の（ヘイトスピーチにも近い）偏見にすぎない。ともあれ彼らは、その名称の由来にもなった「存在の構成要素

（法《ダルマ》）は、過去・現在・未来にわたって実在する」という学説（三世《さんぜ》実有《じつう》説）をはじめ、釈迦の教えである経や律の内容をもとに、様々な理論を創出した。そして、それらを集大成した迦多衍尼子《カーティヤーヤニープトラ》（紀元前二世紀頃）の説は、ブッダの教えの本質（法性《ほっしょう》）にかなう、という理由で、その後継者たちによって仏説、すなわち〝ブッダの言葉〟とされたのである（**アビダルマ仏説論**）。それによって、「①現存する聖典に見られない理論でも、法性に叶《かな》えば仏説であり、②隠没《おんもつ》した経の中に説かれていたかも知れず、③自分の建てる「法性」と矛盾した仏説があっても未了義《みりょうぎ》であると主張することができる」という「極端に言えば、任意の説を仏説とすることができる」ような枠組みができてしまった（本庄一九八九）。

大乗仏教における、遠ざかる正統性

そのような状況を背景に、西暦の紀元前後に出現したのが、**大乗仏教**である。大乗仏教は、釈迦以外にもブッダが存在するのだ、と主張して仏説を拡張するなど、アビダルマ仏説論にならって様々な経典を創作し、そのなかで多種多様な「教え」を説いた。禅宗、浄土宗、真言宗……といった、現代日本の仏教の諸宗派の多様性は、まさにこの大乗仏教の多様性に淵源する。この多様性をひとまとめにして「大乗仏教の中心思想とは〜である」と言うことは難しいが、一つ共通しているのは、既存の権威の否定と自身の正統性の主張である。それは「大乗」という名称に端的に表されている。

大乗とは「偉大な道」といった意味であるが、先にも述べたように、これは伝統的な教団（部派）に伝承されている教えは完全な教え（了義）ではない、つまり小乗＝劣った道であり、不完全な教え（未了義）である、という言明とセットになっている。このような他の権威の否定と自身の正統性の主張は、「小乗」に対してだけでなく、先行する大乗仏教にも向けられる。釈迦が人々に対して教えを説き始めたのを「初めて法輪を転じた（初転法輪）」と言うが、大乗経典を代表する**『般若経』**などでは、自身の教説を「**第二の法輪**が転じられた」と述べ、初転法輪＝「小乗」よりもすぐれた〝ブッダの真の教え〟が説かれたことをアピールする（渡辺二〇二〇）。その後に成立した**『解深密経《げじんみつきょう》』**という唯識派の大乗経典では、般若経典の第二法輪を「真意を隠す説き方で説かれた」未了義であるとし、**第三の法輪**である自身の教説こそが釈迦の真の教えであるとアピールするのである（後に見るように、『解深密経』のこの説に基づいた教相判釈が、徳一が依拠している法相宗の三時教判である）。先に見た『涅槃経』の五味も同様である。大乗仏教は、言わば「何が真のブッダの教えなのか」を争う運動であり、「問いの絶えざる提出とそれへのあらたな回答」による「正統性の絶えざる更新」によって、「真のブッダの教え」がどんどん遠ざかっていくような構造になっている（下田二〇二〇）。大乗仏教を特徴づける「空」などの教義もまた、哲学的、宗教的な概念としてだけではなく、「古いかたちの仏教への関わりを断ち切り」「アイデンティティを定義しなおす力能を有する」レトリックとして機能していた(Cole 2005)。

教相判釈の成立

このようなアビダルマや大乗仏教の性質を受け継いでいるのが、**教相判釈**である。中国への仏教伝来は後漢のころ、一世紀ぐらいからだと言われている。大乗経典が成立した時期からほとんど時間をおかず、東アジアには仏教が伝来したことになる。インドで仏典が成立した順序とは無関係に——仏典を運んできた僧たちの所属する部派や信奉する思想などによってある程度のまとまりはあったとしても——全体的に見れば五月雨式に仏典が伝来し、**漢訳**(中国語訳)がなされた。

大乗経典を目にした中国の人々はどう思ったであろう。大乗経典にはいろいろあるが、それぞれが既存の権威を否定し、自身の正統性を主張しようとしている。では、どの経典がもっとも正統であり、ブッダの悟りの内容を説いている「真の教え」だというのか。釈迦という一人の人格が、何らかの一貫した意図をもってこれら多様な教えを説いたのであれば、それぞれどのような意図をもって説かれたのか。おそらくそのような問題意識のもと、(その時点で存在する)すべての仏説、仏典の序列と体系化を目指して始まったのが教相判釈である。まさしく、哲学史全体を必然的で首尾一貫した発展過程とみなし、どの哲学であっても必然性を持っている、という観点から哲学史を理解しようとしたヘーゲルと重なるところがある。ただし、ヘーゲルが哲学史を一つの真理へ向かうものと考えていたのと違い、教相判釈では、新たな体系が提出されるたびに正統性が更新されてしまうのであるが。

もっとも古い教相判釈は、竺道生《じくどうしょう》(三五五?〜四三四)が説いた「四種法輪」だという。

①在家信者のための善浄法輪
②声聞・独覚・菩薩乗の方便法輪
③『法華経』の真実法輪
④『大般泥洹経《だいはつないおんきょう》』(『涅槃経』)の無余法輪

つまり竺道生は、釈迦が四回、法輪を転じたと考えていたようである。この竺道生が、『般若経』や『法華経』『維摩経』など、「小乗」を強く批判し、「第二の法輪」であることを強く自認する大乗経典を漢訳した鳩摩羅什《クマーラジーヴァ》(三四四〜四一三または三五〇〜四〇九)の弟子であったことは象徴的である。この教相判釈もまた、『法華経』を「真実」とし、『大般泥洹経』を「余すところのない」教えとしているところから見て、この両経を正統だとみなしていたのであろう。

その後、東アジアでは多くの教相判釈が提案され、またそれに対する解釈や批判が積み重ねられた。教相判釈が提案されるたびに、新しい「ブッダの真意」が示された。教相判釈は、仏典を歴史的、客観的に体系化しようとする営みではない。それぞれの学僧が、自身の信奉する教えを正統化するために教相判釈を行うのである。あるいは、教相判釈を経て、「これこそが信じるべき教えである」と思うものを見出そうとしたのである。明治時代になって、ヨーロッパの文化が輸入されると、仏教者は仏教と西洋哲学のあいだで教相判釈を行っている（師二〇一五）。言うまでもなく、仏教のほうが西洋哲学よりもすぐれている、という教相判釈である。大乗経典がそうであったように、教相判釈もまた、遠ざかる正統性を追い続ける、終わらない思想運動なのである。

3　どのように批判したのか——最澄による三時教判批判

法相宗の三時教判

やや遠回りとなってしまったが、『守護国界章』での議論に戻ろう。最澄『守護国界章』の批判対象である徳一の『中辺義鏡』は、法相宗の三時教判を提示するところから始まる。三時教判は『**解深密経**《げじんみつきょう》』という経典に出てくる**三転法輪**《さんてんぼうりん》**説**に基づくが、徳一もまた冒頭でこの経文を引いている。

その時、勝義生《パラマールタサムドガタ》菩薩が、またブッダに申し上げた。

「世尊《せそん》は（説法を始めた）**最初の時期に**、ヴァーラナシー、すなわち仙人が墜落した場所、施《せ》鹿林《ろくりん》（鹿野苑）のなかで、ただ声聞乗で修行をしようと志した者のために、四つの真理（四《し》諦《たい》）によって正法輪を転ぜられました。これはたいへん珍しく、稀有なことであり、あらゆる世俗の人々や天人にはそれまでそのように正しく転ずることができる者がいませんでした。しかし、そのとき転ぜられた法輪は、さらに上があり、不十分なものであって、完全な教え（了義）ではなく、様々な論争が起きる原因となりました。

世尊は昔、**第二の時期に**、ただ大乗だけを修行しようと志した者のために、すべての存在（法《ダルマ》）には実体がなく、生じることも滅することもなく、本来煩悩から離れており、本質的にニルヴァーナ（涅槃）と同じである、ということに基づいて、**本意を隠す説き方**で、正法輪を転ぜられました。（最初の時期と比べて）さらに珍しく稀有なことでしたが、それでもその時に転ぜられた法輪は、さらに上があり、不十分なところがあって、まだ完全な教えではなく、様々な論争が起きる原因となりました。

世尊は今、**第三の時期において**、すべての乗を志す者のために、すべての存在（法《ダルマ》）には実体がなく、生じることも滅することもなく、本来煩悩から離れており、本質的にニルヴァーナと同じである、ということに基づいて、**明確な説き方**で正法輪を転ぜられました。これはもっとも珍しく、もっとも稀有なことです。今、世尊が転ぜられた法輪は、それ以上のものはなく、不十分なところもなく、真に完全な教えであって、様々な論争が起きる原因となりません。

世尊よ。もし善男子あるいは善女人が、この〝すべての存在（法《ダルマ》）には実体がなく、生じることも滅することもなく、本来煩悩から離れており、本質的にニルヴァーナ（涅槃）と同じである〟という如来が説かれた甚深なる完全な教えの言葉を聞き終わって、（これこそ真理であると）確信し、書写し、護持し、供養し、流布し、読誦し、復習し、正しく思惟し、それによって修行を始めた場合、その福徳はどれぐらいになるでしょうか」と。

そのとき世尊は、勝義生《パラマールタサムドガタ》菩薩に述べた。

「勝義生《パラマールタサムドガタ》よ、その善男子あるいは善女人が生じる福徳は、無量無数であり、喩えようがない。私は今、汝のためにごく一部を簡単に説明しよう。爪の上にのせた土が、大地の土と比べて百分の一にもならず、千分の一にもならず、十万分の一にもならず……（極小の単位である）鄔波尼殺曇《うばにせつどんぶん》分の一にもならないようなものである。あるいは、牛の足跡にたまった水が、四大海の水に比べて百分の一にもならず……鄔波尼殺曇分の一にもならないようなものである。このように、様々な不完全な経を聞き終わって……修行を始めたときに得られる功徳は、ここで説かれた（第三の時期に説かれた）完全な経を聞き終わって……修行を始めたときに得られる功徳と比べて、百分の一にもならず……鄔波尼殺曇分の一にもならないのである」と。（『解深密経』）

右の『解深密経』の前半では、釈迦が三回、法輪を転じた（＝教えを説いた）と言っている。第一の法輪（初転法輪《しょてんぼうりん》）では声聞乗（小乗）の修行者のために四諦などの教えを説き、第二の法輪では大乗の修行者のために「すべての存在には実体がない」という教え、つまり空の教えを説いたという。しかしそれは「本意を隠す説き方」でわかりにくかったため、論争が起きた。したがって、第三の法輪、すなわち『解深密経』において空の教えを明確に説いたのだ、という。そして後半で、『解深密経』の功徳は、第二法輪以前の経に比べ、比較できないほど大きいというのである。

もちろん、この三転法輪説は、『解深密経』が、先行する初期仏教経典（初転法輪）や大乗経典（第二法輪）を「不完全な教え」（未了義）とし、自身を「完全な教え」として権威づけるための言説であって、歴史上存在した釈迦の実際の活動に基づいたものではない。『解深密経』の「解深密」とは、「隠された意図の開示」といった意味である。まさに、ブッダの真意を更新することを意図して書かれたのがこの経典であり、それを示すのがこの三転法輪説なのである。

この三転法輪説に基づき、法相宗では**三時教判**を立てている。言うまでもなく、法相宗が自身の立場を第三の法輪＝第三時教として正統化するための教相判釈である。徳一は、法相宗の初祖、基が著した『**大乗法苑義林章**《だいじょうほうおんぎりんじょう》』を引用して、次のように三時教判の概要を述べる。

初時＝阿含《あごん》経典など、すべての存在（法《ダルマ》）は実在するが、我《アートマン》は実在しない（無我）と説く教え（実在を認める教え＝有教）。

第二時＝般若経典など、すべての存在（法《ダルマ》）の実在を否定し、一切は空であると主張する教え（空教）。

第三時＝唯識を説く『解深密経』や唯心を説く『華厳経』など、識や心などの実在を認めつつ、それ以外の存在の実在を認めない、非空非有の中道を説く教え（非空非有中道教）。

阿含経典（初期仏教の経典）では、たとえば生きとし生けるもの（衆生、有情）は、色・受・想・行・識という五つの構成要素（法《ダルマ》）＝五蘊《ごうん》の集合体であり、そのどれも**我《アートマン》**、すなわち自己や魂のような役割を果たすものはない（無我である）と説く（他にも十二の構成要素、十八の構成要素など、いろいろある）。それを智慧と瞑想によって体得することで、この苦しみに満ちた輪廻の世界から脱出（解脱）できるという。つまり、無我であることを理解させるために、構成要素である**法《ダルマ》**の実在を認める立場である。それが初時にあたるという。

次の**般若経典《はんにゃ》**では、『般若心経』の有名な「観自在菩薩……照見五蘊皆空（観音菩薩は……五蘊がすべて空＝実在しないと見た）」という一節からもわかるように、法《ダルマ》の実在を否定し、すべては**空**である、と説明する。しかしそれは、実際にこの世界に生命やモノが存在していることを説明するには不十分である。空という考え方自体は正しいが、『解深密経』に言わせれば、第二の転法輪は「本意を隠す説き方」なのである。

そこで、第三時では、この迷いの世界を成り立たせる**識**などの法《ダルマ》は実在するが、それ以外の法《ダルマ》の実在を認めない、という、実在(有)にも実在否定(空)にも偏らない**中道**の教えを説いた、というのである。それが**唯識**(ただ識だけが実在する)を説いた『解深密経』である。識と心はほぼ同じ意味であるため、**唯心**《ゆいしん》(ただ心だけが実在する)を説く『華厳経』もまた第三時に入るという。『華厳経』は、〃釈迦が悟りを開いた直後に、その悟りの内容を直に説いた経〃という設定になっているので、時系列で言えば初時に入るべきであるが、内容的に第三時になるという。

徳一は『中辺義鏡』の冒頭で、自身の属する法相宗——唯識思想を宗とする——の三時教判を提示した後に、天台宗の教相判釈の批判を始めるのであるが、それについては次章で見ることにしたい。

遍在する三時

では、『**法華経**』は第何時に入るのであろうか。法相宗の教理によれば、第三時・非空非有中道教である。つまり、『法華経』で唯識や唯心は説かれないが、『解深密経』などと同じ位置づけである。しかし徳一は、三時教判を用いて『法華経』を重視する天台教学を批判している。この立場は矛盾していないのだろうか。

法相宗の徳一が『法華経』を指して「仮（権）の教え」と言っていたのは、『法華経』の言う「すべての衆生はブッダになれるし、ブッダの教えにはそのための一つの道（一乗）しかない」という部分である。法相宗＝徳一に言わせれば、ここで言う「すべての衆生」は、釈迦が『法華経』を説いている場（会座）に列席していた聴衆に限定したものであって、それ以外の衆生を含む「すべての衆生」を意味するのではない。法相宗の解釈では、『法華経』を聞いていた聴衆の多くは、五姓各別説で言うところの**不定性**《ふじょうしょう》、すなわち声聞や独覚として修行して「小乗」の悟りを得ることができる素質（種姓）と、菩薩として修行しブッダになることができる素質（種姓）の両方を持っているため、ゴールが不確定な衆生である。その衆生をブッダになるよう仕向けるために、「（ここにいる）すべての衆生はブッダになれるし、ブッダの教えにはそのための一つの道（一乗）しかない」と説いたというのである。『法華経』は、あたかも生きとし生けるもの（衆生）全体に適用するような言い方で説いているが、それはブッダの真意ではなく、一部の人々に向けた「仮（権）の教え」であり方便＝巧みな手段なのだ、というのが法相宗＝徳一の考え方である。

しかし、三時教判は一乗かそうでないかで判定されるものではない。法の実在（有）や空に偏っていない非空非有中道教であるかが問題なのである。『法華経』は釈迦が三十五歳で悟りを開いてから四十年後、つまり八十歳で亡くなる数年前の経ということになっているので、時期的にも第三時で問題ない。また、そこで説かれているのは、五蘊などの初期仏教の教えでもなく（『法華経』は執拗に、「小乗」の権威を否定する）、すべては空だ、という般若経典のような教えでもないので、非空非有の中道の教えであり、内容的にも第三時なのである。実際、第三時には、空を強調する般若経典や『維摩経《ゆいまきょう》』などを除くと、多くの大乗経典がここに分類されてしまう。いろいろな角度から細かく分類している天台宗の教相判釈（五時八教）と比べると、いささか大雑把な感は否めない。

　三時教判の根拠となるのは、先に見た『解深密経』の三転法輪説であるが、法相宗の人々は、他の経典にも根拠となるような言説がないかを探し、それらしいものがあれば「これこそ三時教判の根拠である」として提示した。たとえば、基は**『金光明経《こんこうみょうきょう》』『涅槃経』『法華経』**のなかに、『解深密経』と同様の三転法輪が説かれていると主張する(1)・(2)・(3)は、三時教判の初時、第二時、第三時に対応)。

　『金光明経』もまた三転法輪を説いている。すなわち、(1)（法輪を）転ずる・(2)（法輪を）照らす・(3)（法輪を）保持する（という三転法輪である）。……

　『涅槃経』にもまた（次のような譬喩が）説かれている。「(1)最初、ある医師がいた。（治療のため）病人に牛乳を飲ませたが、牛乳ばかり飲んだために国民が多く死んでしまった。(2)後にある（別の）医師がやってきて、牛乳は毒だと説き、（牛乳を）やめるよう指導したところ、国民は回復した。(3)後に王が病気になり、どの薬が適当かを問うた。医師は薬を処方し、牛乳によって薬を飲みやすくした。王は怒って「汝は以前、牛乳は毒薬だと説いたではないか。なぜ今は(牛乳で)薬を飲みやすくし、飲ませようとするのか」と詰問した。医者は王に答えて「以前は(牛乳だけを)もっぱら服用していたので、国民が多く死にました。いつもそればかりを服用していたので、毒だと言ったのです。(やめろと言っても)やめられないことを危惧して、(毒だと言って)完全にやめさせたのです。本来の理論を考えれば、ある病気では(牛乳を)服用すべきですし、ある病気ではすべきではありません。王の今のこの病気については、(牛乳で)薬を飲みやすくして服用すべきなのです。何が適当なのかに応じた(方法)なのです」と述べた。ブッダは「私の教え(法)もこれと同じである」とおっしゃられた」。

『法華経』でもまた(弟子たちの言葉として、三転法輪が)説かれている。(1)「私たちは(煩悩が)消滅したのを、これで満足だと思いこんでいました。ただこのことだけを悟って、さらにそれ以外のことはないと思っていました」とあるのは初時教のことである。(2)「私たちは、仏国土を浄め衆生を教化するという話を聞いても、まったく喜ぶことはありませんでした」とあるのは第二時教である。(3)「ブッダは……(私たちが)小乗を願う者であると知り、巧妙な手段によってその心を制し、大乗の智慧を説かれました。私たちは今日、未曽有のことを得ることができました。これまで望んでいなかったことが、今おのずから得られたのです」とあるのは第三時教である。すなわち、『金光明経』や『解深密経』等の三時の説法(三時教)と同じである。(『法華玄賛』)

やや強引な感もあるが、基をはじめとする法相宗の人々は、様々な経典のなかに、三転法輪説がブッダの真意であると読みとれるような表現を探している。これが、経典による証明＝教証である。

『中辺義鏡』において徳一は、それをさらに徹底している。基や慧沼以上に『法華経』のなかで繰り返し三転法輪説が説かれていることを示し、三時教判がいかにブッダの真意であるかを証明しようとしている。徳一にとってみれば、三転法輪＝三時教判こそがブッダの真意を表すものなのであるから、それが第三時に属する経典の各所に説かれていることは当然なのである。そして、『法華経』をもっともすぐれた経典であると主張していながら、三時教判とは異なる教相判釈を信奉する論争相手を批判するために、『法華経』こそが三時教判を説いているのだ、と批判しているのである。

「中主」と「辺主」

ここまで見てきたように、徳一は『解深密経』や『大乗法苑義林章』を引用して三時教判を提示している。その徳一の主張を引用して批判しているのは、最澄『守護国界章』巻上之上・「弾謗法者浅狭三時教章第一（仏法を謗《そし》る者＝徳一が信じる浅くて狭い三時教を弾劾する章・第一）」である。先に見たように、その序文で最澄は次のように言っていた。

自ら中主と称するも、法苑《ほうおん》の文に似たり。（『守護国界章』）

このなか、後半の「法苑の文に似たり」というのは、徳一が『解深密経』の三転法輪説を引いた後に、『大乗法苑義林章』を引用して法相宗の三時教判の説明をしていることを指している。では、徳一が自称していたという前半の「中主」は何を指しているのだろうか。これも同じく『大乗法苑義林章』に典拠がある。

偏った（教義を説く）導師（辺主）を列挙すれば、清弁《バーヴィヴェーカ》らは龍猛《ナーガールジュナ》を補佐し、般若経典の本意はすべての法《ダルマ》の空であると説く。……これは、世俗を超えた真理（勝義諦）においては、すべての存在（法《ダルマ》）は空のみであると説くことから、偏った（教義を説く）導師とよばれるのである。

中道の導師（中主）を列挙すれば、天親《ヴァスバンドゥ》らが慈氏《マイトレーヤ》（弥勒）を補佐し、『解深密経』などが（世俗を超えた）真理と世俗的な真理（真俗諦）（の両方）においてすべての存在は空であり、かつ空ではないと説いた。（『大乗法苑義林章』）

ここで**辺主**とされている龍猛（龍樹）や清弁は、空思想を重視するインドの中観派の論師であり、日本においては三論宗が祖師として仰いだ人々である。一方、中主とされている慈氏(弥勒)や天親(世親)は、唯識派を確立した論師であり、日本においては法相宗で祖師として崇められている。『大乗法苑義林章』を書いた基や、それを引用する徳一は、「中主」の立場であるので、最澄に「自ら中主と称する」と言われているのである。

この辺主＝般若経・中観派と中主＝『解深密経』・唯識派は、先に見た三時教判の第二時と第三時に対応する。前章で述べたように、奈良時代から平安時代にかけて三論宗・法相宗の「空有の論争」とよばれる激しい対立があったが、このときに法相宗が三論宗に対して自身の優位性を主張するのに用いたのが、『解深密経』の三転法輪説であり、基らがそれを敷衍した三時教判であった。「空有の論争」においては、『解深密経』という経典にもとづいて、法相宗は三論宗のことを「未了義」であり「辺主」であると貶《おとし》めたのである。

徳一は、『中辺義鏡』のなかで、天台三大部である『摩訶止観』『法華玄義』『法華文句』を批判しているが、その際に「辺主云《い》わく」としてそれらの文献を引用している(第四章参照)。天台教学においても龍樹は重視されるが、そもそも中観派や三論宗とは立場が異なるので、徳一が批判対象である天台教学を「辺主」とよぶのは、『大乗法苑義林章』の説の拡大適用である。逆に言えば、法相宗の徳一にとっては、天台教学は「辺主」のバリエーションの一つという認識だったのかもしれない。

先にも述べたように『中辺義鏡』の批判対象は「天台法華義」とよばれる道忠教団で作られた天台教学の綱要書と考えられている。道忠教団は鑑真グループに属しており、「空有の論争」で法相宗と対立していた大安寺との関係も深かった。徳一には、「天台法華義」が、三論宗・法相宗の対立における三論宗側の文献に見えたのかもしれない。こういった点をふまえれば、徳一が批判対象に対して「辺主」とよぶのも、それほどおかしなことではない。最澄もまた、法相宗＝徳一の立場を「中主」であると認めており、この論争が「中主」と「辺主」の対立である、という図式を受け入れている。この「中主」「辺主」という呼称は、最澄・徳一論争が「空有の論争」の延長線上にあることを示唆する例の一つである。

最澄の反論①　三時教判を相対化する

では、最澄はどのように反論をしたのであろうか。徳一が『中辺義鏡』で述べる三時教判について引用した後に、次のような書き出しで最澄は批判を開始する。

> そもそも三時の教えは、勝義生《パラマールタサムドガタ》菩薩の理解にすぎない。……どうして釈迦一代（の説法）すべてを包摂するものだと言えようか。したがって中インドの智光は（『解深密経』に基づく）三時教を認めず、中国の慧苑《えおん》も（三時教判の）狭さを詳しく批判している。四依の菩薩の論では三時を立てていない。つまり、三時教判の第二時は般若経典を指さない。三つの

教えのどれが浅く、どれが深いかは大薦福寺《だいせんぷくじ》（の定賓）による判別がよく、一乗の権実（を理解する）ためには天台の説が必要である。今、中主を名乗る人のために、その説が他と比べて狭いものであることを明らかにしよう。（『守護国界章』）

最澄の戦略はこうである。『解深密経』に説かれる三転法輪説は、経のなかに登場する勝義生《パラマールタサムドガタ》菩薩という一人の菩薩が理解したことを述べたものにすぎず、釈迦一代の説法全体、つまり仏教全体の教相判釈をするための根拠としては狭いのだ、というのである。その根拠として、中インドの智光、唐・華厳宗の慧苑、（ここには名前は出てこないが）『大乗法苑義林章』を弟子が再編集した『大乗義林章』、唐・大薦福寺の定賓《じょうびん》らの説を出す。そして、天台教学こそが、ブッダの真意を理解するのに最適である、と述べるのである。

このなか、最澄があげる中インドの**智光**（奈良時代の三論宗の学僧とは別人）は、一切皆空を主張するインド中観派の論師・清弁《バーヴィヴェーカ》の弟子とされ、清弁とともに「空有の論争」において三論宗側に大いに利用された論師である。とはいえ、智光の著作が日本に伝わっていたわけではない。その名前が出てくるのは、中国で華厳宗を大成した**法蔵**《ほうぞう》（六四三～七一二）の著作『華厳経探玄記《たんげんき》』のなかだけである。法蔵は、インドから来た**地婆訶羅**《ディヴァーカラ》三蔵（七世紀）からの伝聞として、次のような伝承を述べている。

智光論師は、遠く文殊《マンジュシュリー》菩薩や龍樹《ナーガールジュナ》を継承し、近くは（インド中観派の）提婆《デーヴァ》・清弁《バーヴィヴェーカ》を継承して、般若経などの経典、『中論』などの論書によって〝三つの教〟を打ち立てた。すなわち、ブッダは最初、鹿野苑《ろくやおん》において、小乗の能力（を持つ弟子たち）のために小乗の教えを説き、心と認識対象がともに実在することを明らかにした。第二時には、中位の能力（を持つ者）のために法《ダルマ》の本質（法相）についての大乗を説き、認識対象は空だが心は実在するとする唯識の道理を明らかにした。能力がまだ劣っており、平等なる真の空に悟入させることはできなかったので、これを説いたのである。第三時には、上位の能力（を持つ者）のために（ものごとには固定的な）本質はないこと（無相）についての大乗を説き、心も認識対象もどちらも空であり、平等で一味であると分析し、真の完全な教義となった。……この三つの説法の順序（三教次第）について智光論師の『般若灯論釈』では、詳細に『蘇若那摩訶衍経』――これは『大乗妙智経』ともよばれる、かつて聞いたことがないものである――を引用している。（『華厳経探玄記』）

ここでは、法相宗の三時教判に対して、小乗→法相大乗→無相大乗という智光の「三教次第」を紹介している。これは、『解深密経』の三転法輪の第二法輪と第三法輪がひっくり返った形になっている。しかもそれは、『蘇若那摩訶衍経《スジュニャーナ・マハーヤーナ》』（『大乗妙智経』）という経典が根拠だとされている。『解深密経』という仏説に基づき、法相宗は第三時であり、第二時の三論宗よりもすぐれているのだ、と主張する法相宗に対峙していた三論宗の人々にとって、この法蔵の伝承はいかに心強かったであろうか。もっとも、この智光という人物や、『蘇若那摩訶衍経』という経典が、インドで実在したのかどうかについては古来議論のあるところである。少なくとも日本に『蘇若那摩訶衍経』は伝わっていなかったので、三論宗の人々は遣唐使によって入手できないかと考えていた（『東大寺六宗未決義』）。

注目すべきは法蔵がこの智光の三時教判を、小乗↓三乗↓一乗という発展段階としても捉えていたということである。

説法のしかたについて言えば、最初はただ小乗の範囲であり、次は三乗全体であり、最後は一乗だけである。（『華厳経探玄記』）

これは、最澄にとっても都合がよい。なぜなら、三乗真実説を説く法相宗が第二時の不完全な教えであり、第三時には一乗真実説という完全な教えが説かれた、と解釈することができるからである。『解深密経』に基づく法相宗の三時教判と、『蘇若那摩訶衍経』に基づく智光の三時教判は、どちらも仏説であるから、そのどちらがブッダの真意であるのかは別の判断材料を持ってこなければならないが、少なくとも法相宗のよって立つところを相対化できるという意味では、この法蔵の伝承の意義は大きい。

最澄はほかにも、法相宗の三時教判を相対化するような文献を引用する。その一つが『大乗義林章』である。これは、新羅の**義寂**《ぎじゃく》（七～八世紀）をはじめとする唯識系の人々によって『大乗法苑義林章』を批判的に再編集した書と言われている(現存せず)。義寂らは、『涅槃経』に基づいて『解深密経』の三転法輪説を再解釈し、般若経典は第三時であるとして、法相宗の三時教判を批判した。当時、東アジアでは『解深密経』の三転法輪説に基づき、様々な教相判釈が提案されていた。法相宗の三時教判はそのなかの一つであるが、そのほか、般若経典を第三時にする説もあれば、『法華経』を第二時にする説もあった。最澄は、そのなかで、徳一にとって不利になるようなものを選んで提示したのである。

また最澄は、**定賓**《じょうびん》の著作も引用している。定賓については、第一章で名前が出てきたのでご記憶の読者もいるであろう、鑑真グループにおいて重視され、空有の論争における三論宗側の拠点であり、最澄が深く関わっていた大安寺で学ばれていた律宗の学僧である。定賓の思想は天台教学とは一致しないが、法相宗の教学を批判した文献を多く書いている。そのため、最澄はしばしばこの学僧の名前を出し、著作を引用して徳一を批判している。

このように最澄は、徳一の主張を崩すために、法相宗の三時教判を相対化させるような言説をいくつも並べることによって、その主張の弱体化をはかっている。先にも述べたように、教相判釈は、後続する者が〝ブッダの真意〟を更新することが可能なシステムである。三転法輪説＝三時教判は、まさに先行する般若経典を「第二時」とし、自身の立場を正統化した。しかし、法蔵、義寂といった後続の人々によって更新されてしまった。これが最澄によって徳一に反論するために利用されたのである。

ここで最澄が引用する人々については、最澄『決権実論』においても、徳一＝法相宗に対抗する者として名前が列挙されている（傍線部）。

まさに（次のように）知るべきである。竺道生・吉蔵・霊潤・法宝・法蔵・慧苑・定賓・澄観、法相宗の義寂・義一・良賁ら、新羅国の元暁法師、大日本国の上宮聖徳王は、一乗の真実の教えにもとづいており……ましてや天竺から来られた唐の曇牟讖《ダルマクシェーマ》三蔵・菩提流支《ボーディルチ》三蔵・真諦《パラマールタ》三蔵・実叉難陀《シクシャーナンダ》三蔵・日照三蔵（＝地婆訶羅）・菩提流志《ボーディルチ》三蔵・金剛智《ヴァジュラボーディ》三蔵・善無畏《シュバカラシンハ》三蔵・不空《アモーガヴァジュラ》三蔵・般若《プラジュニャー》三蔵らは、悉有仏性を立て、盛んに一乗の教えを伝え……天親《ヴァスバンドゥ》菩薩・堅慧《サーラマティ》菩薩・青弁論師（＝清弁）・智光論師は、内証の一乗を説かれた……。（『決権実論』）

この文の前半については前章でも引用しているが、ここにあげられている人々の多くは、法宝、定賓ら、大安寺で学ばれていた人々や、清弁、智光といった「空有の論争」の空＝三論宗側の主張の根拠となったインド中観派の論師たちである。最澄による徳一の三時教判批判は、そのまま「空有の論争」における三論宗側をサポートすることにもなっていたのである。

最澄の反論②　翻訳の違いを指摘する

さらに最澄が三時教判を批判するために行ったのが、翻訳の比較である。三時教判の根拠となった『解深密経』は、『サンディニルモーチャナ・スートラ』というインドで作られた経典を漢訳したものである。この経典の漢訳は、以下の通り、複数回なされている（これまで『解深密経』とよんできたのは、玄奘訳に基づく）。

求那跋陀羅《グナバドラ》（三九四～四六八）訳『相続解脱地波羅蜜了義経《そうぞくげだつじはらみつりょうぎきょう》』『相続解脱如来所作随順処了義《そうぞくげだつにょらいしょさずいじゅんしょりょうぎ》経《きょう》』（いずれも部分訳）

菩提流支《ボーディルチ》（五～六世紀）訳『深密解脱経《じんみつげだつきょう》』

真諦《パラマールタ》（四九九～五六九）訳『仏説解節経《げせつきょう》』（部分訳）

玄奘（六〇二～六六四）訳『解深密経』

最澄は、三転法輪説が説かれている部分について、菩提流支訳『深密解脱経』と玄奘訳『解深密経』の訳文を並べて示し、前者には「最初の時期に」「昔、第二の時期に」「今、第三の時期に」という時期を表す訳語がない、と指摘する。つまり、『解深密経』のインド原典に書かれていたのは三回の転法輪についてだけであって、それを三つの時期と解釈するのは、玄奘訳にだけ依拠し、他の訳を無視した恣意的なものではないか、という批判である。

当時の日本では『解深密経』のインド原典にアクセスすることはできない。このように訳文の違いから原典を推測し、ブッダの真意を探ろうとする態度は、現在の**文献学**にも似ている。文献学が、オリジナルの〝イエス・キリストの言葉〟を探す営みとして、「ただ聖書のみ」を標榜するプロテスタントの国々で始まったことを考えれば、本来的に宗教的な営みだともいえる（アーマン二〇一九）。最澄にも、テクストの〝**作者**〟に対する強い志向が見られる。

それがうかがえるのは、最澄が翻訳の違いを指摘するのにあたって該当する訳文をすべて引用している点である。訳の差異を指摘する場合、いちいち訳文を見せなくても、（筆者が今、右で述べたように）〝『深密解脱経』と『解深密経』は、ここの部分の訳文が異なる〟といった具合に、該当箇所を述べればすむはずである。しかし最澄は、紙も筆写も現在よりコストがかかるにもかかわらず、三転法輪に関わる経文全体をわざわざ書き写しているのである。

このような態度は、実は『守護国界章』のあちこちで見られる。たとえば、徳一が止観、すなわち瞑想についての持論を述べているのに対して、最澄が次のように述べるのは、その一例である。

（徳一によって）示されている止観は、よりどころとして修行するのに足るものではない。大乗、小乗（の理論）が入り乱れ、（修行の）順序も混乱している。前半の二十紙は、だいたい小乗の修行法であり、後半の五紙あまりは、概ね菩薩（＝大乗）の修行法である。混乱による問題点は、段落ごとに無数にある。……その一々を書写して示そうと思えば、多くの紙を虚《むな》しく損なうであろう。書写しなければ、後学が懐疑するであろう。(徳一による)邪な判断を示すために、二十余紙を捨ててでも、つぶさに(徳一が書いた)止観の文を写し、簡略に論破して、悪を止めたい。閲覧した学生よ、巻が大きくなるのを嫌わないでいただきたい。(『守護国界章』)

何らかの文章を引用する際、適宜省略したり要約したりするのは、複製技術がなく記憶が主流のメディアであった当時としては当たり前のことであり、現代の著作権法が要求するように、引用元のテクストの同一性を保持するために一字一句間違えずに引用することはほとんどない。それどころか、前近代においては、他人の書いたものを出典も示さずに自身の著作に紛れ込ませることも普通である(サイレント・クォーテーションなどとよばれる)。むしろ近代的な**著者性**を前近代に投影してしまうと、当時の知的活動のあり様を見誤ってしまう。

しかし最澄は、紙の無駄だと言いつつ、近代の研究者のように徳一の文章を全文引用する。徳一の書いたものが残っていないので確認することはできないが、おそらく一字一句おろそかにせずに書き写しているのではないかと思われる。複数の翻訳を比較する文献学的な態度や、紙の無駄のように思えたとしても省略することなく引用する、という著作権法的な態度に通底するのは、テクストの背後に著者——経典であればブッダ、『中辺義鏡』であれば徳一——という個人の真意がある、という信念ではなかったか。それは、現代人から見れば「パクリ」にも見える前近代の著者性の希薄さ――あるいは、間テクスト性を重視し「作者はいない」と主張したポストモダン的な考え方――とは、異質なものに見える。そしてこれは〝何がブッダの真意なのか〟という大乗経典から教相判釈へと続く思想運動の流れに属するとともに、徳一という個人の責任を際立たせようというこの論争の戦略とも通じている。

ちなみに、最澄のこのような態度のおかげで、徳一の文献が残っていないにもかかわらず、最澄の引用をある程度信頼して、復元することができる。研究者としては、ありがたいことである。

最澄はこれ以外にも、様々な根拠をあげて徳一を批判している。先に見たように、『解深密経』では三転法輪説の後に、「如来が説かれた甚深なる完全な教えを聞き終わって……その功徳はどれくらいになるでしょうか」という質問があり、それに対して「爪の上にのせた土が、大地の土と比べて百分の一にもならず、千分の一にもならず……」といった喩えで、その功徳が莫大であることを述べている。それに対して最澄は、『法華経』の功徳を述べる部分を逐一引用して、『解深密経』よりも数が大きい、と主張したりしている。そういったことを一つ一つ紹介していると煩瑣になるので（現時点でも十分に煩瑣だとは思うが）ここでいったん章を閉じ、ここまでのやりとりとはまた異なった議論の方法を見てみよう。

第四章　真理の在り処をめぐる角逐

1　問答という伝統

最澄・徳一論争と因明

前章では、最澄による徳一の三時教判への批判について概観した。そのなかで、最澄が『解深密経《サンディニルモーチャナ・スートラ》』の異なった訳を比較するのを紹介したが、その比較をしたあとに最澄が発した次の批判については、先ほどはとりあげなかった。

　かの魏《ぎ》(の菩提流支《ボーディルチ》)が訳した経文には「最初の時期に」という句がない。どうして唐(の玄奘)の訳に執着して、(天台の五時教判をはじめとする)他の者が主張する説法の時期(に基づく教相判釈)を制止しているのか。初転法輪は、立論者と対論者の双方が承認(共許)している。ただし、説法の時期だけで(教えが)広いか、狭いかを論ずるのは、多くの学派が承認(共許)していないのである。(『守護国界章』)

ここで最澄が用いている**共許**《ぐうご》というのは、**因明**《いんみょう》(仏教論理学)の術語である。共許とは、論争において、当事者である二者――何らかの主張をする立論者と、それに反論しようとする対論者――の双方が承認している、という意味である。つまり最澄は、『解深密経』で説かれる三転法輪説の最初を初転法輪とすることについては、立論者である徳一と、対論者である「天台法華義」あるいは最澄の双方が承認（共許）しているものの、初転法輪を「最初の時期（初時）」と理解し、それによって三時教判を立てることについては、翻訳の違いもあるため、最澄を含めた多くの学派が承認（共許）していない、と言っているのである。後に説明するように、因明のルールでは、立論者・対論者の双方が承認していない概念を用いて議論をすることはできないことになっているので、徳一の立論は成り立たないのだ、と最澄は批判しているのである。

実は、最澄・徳一論争においては、こういった因明用語が散見される。特に『守護国界章』では、共許のほかにも、共許とほぼ同じ意味の**極成**《ごくじょう》や、**自教相違**（自分がよりどころとする学説と矛盾する主張をする過失）、**自語相違**（自己矛盾する主張をする過失）、**立已成**《りゅういじょう》**の失**（すでに立証されていることを主張する過失）といった因明用語が繰り返し用いられている。また、最澄・徳一論争には、『**通六九証破比量文**《つうろっくしょうはひりょうもん》』という因明が主題の一つとなっている最澄の著作もある。書名にある「**比量**」というのが、因明による推論や論証を意味する言葉である。

因明については、これまでも何度か言及してきた。第一章では、最澄と関係の深い大安寺や鑑真グループの教学について紹介したが、そこでは律宗であるにもかかわらず因明研究をした定賓が学ばれ、また文軌の因明学を継承する慶俊などもいた。後に見るように、最澄の『通六九証破比量文』の一部は、慶俊の著作が下敷きになっている。三論宗・法相宗のあいだで起こった「空有の論争」では、清弁『大乗掌珍論』にある空の論証(掌珍比量)の論理学的な問題が、議論の大きなテーマの一つであり、それに関連して『大仏頂経』の真偽が問題となった(第二章)。最澄・徳一論争に因明が用いられるのは、こういった当時の環境を考えれば自然なことであったろう。

本書が因明に注目するのは、単に最澄・徳一が用いているからだけではない。これから説明するように、因明は論理学、討論術の一種である。対論においては「一乗が真実だ」「三乗が正しい」といった個々の主張が重要であるとともに、なぜその主張が真実としての資格を持つのか、というメタな視点も必要である。対論における因明の使い方に注目することによって、「何のために論争をするのか」「誰かの発言が説得力を持ち、真理としての地位を獲得する条件はなにか」「どのような条件で議論は成立するのか」といったことを、対論の当事者がどのように考えていたのかが見えてくる。場合によっては、実際に議論されている内容以上に、対論当事者の〝思想〟を炙り出すこともある。

また、私たちはしばしば「仏教哲学」と言ったり「最澄の思想」と言ったりするが、前近代の仏教においては、私たちがイメージするような個人の著作としての哲学書、思想書よりも、経典などに対する**注釈書**や、誰かとの**問答**を記録とした文献が大きな割合を占める。最澄と徳一が論争をしていた時代は、日本国内での問答だけでなく、遣唐使に質問書を持たせ、唐の学者からの回答を得ようと試みる**唐決**《とうけつ》の時代でもあった。問答こそが、この時代における哲学的思考の主要な形態であったと言ってもよいかもしれない。

注釈書であれば注釈対象となるテクストがあるので、注釈家は、自身の思想を吐露することよりも、注釈対象の内容を明らかにすることが優先される。問答においても、相手の主張に応答することが優先され、相手を無視して自身の言いたいことだけを主張することはできない（残念ながら、国会などの〝論戦〟では、相手の質問に答えない者も多いが）。つまり、それらの活動のなかで語られる著者の思想は、注釈対象となるテクストや問答の相手との対話の痕跡であり、言わば共同作業の結果であって、その内容を完全に個人に帰することはできない。もちろん、現代の哲学書のような、個人の思考に依存する割合が比較的高い著作であっても、コンテクストから完全に独立していることはあり得ず、読者などとの関係が論述内容に不可避的に影響を与えるから、あらゆるテクストが持っている問題だとも言えるのであるが。

問答を正確に読み解くためには、それが依存している言説の形式をふまえる必要がある。すべての問答が因明をふまえているわけではないが、当時の人々にとって因明が対論のための技術として広く知られていたことは間違いない。以下、そういった点に注意しながら、最澄と徳一のやりとりを見ていくことにしよう。

因明という学問

因明とは、ヘートゥ・ヴィドヤーというサンスクリット語の訳語である。ヘートゥは「原因」といった意味であるが、ここでは「知識を生み出す原因」、すなわち理由や論拠などを意味する。ヴィドヤーは「学問」といった意味である。つまり因明は、「論拠(因)についての学問(明)」という意味になる。もともとはインドの討論術を起源とするが、仏教内でも研究され、唯識学派の**陳那**《ディグナーガ》(四三〇〜五〇〇頃)が論理学・認識論の体系として大成した(桂一九九八)。その著作が玄奘によって漢訳、紹介され、東アジアで広まった。

玄奘没後、唐や新羅では因明学が衰退していくが、日本では法相宗を中心に、奈良時代から明治時代前半まで継続して研究され、学ばれ続けた。最澄・徳一論争の当時も、盛んに因明研究がなされていた。法相宗では、初祖である基《き》が著した『**因明入正理論疏**《いんみょうにっしょうりろんしょ》』(『因明大疏』)が最重要視され、数多くの研究が積み重ねられたが、対立していた三論宗では文軌や定賓の著作が重視されたようである。徳一が因明を用いることは多くはないが、それでも後に見るように『中辺義鏡』などには因明の術語が見られる。最澄が因明を用いていることは先に指摘したが、その後も日本天台宗の文献ではしばしば因明の使用が認められる。なかでも、浄土教を広めることに寄与した『往生要集《おうじょうようしゅう》』や、最澄を継承して法相宗を批判する『一乗要決』などを書いたことで有名な**源信**《げんしん》（九四二〜一〇一七）には、『因明論疏四相違略註釈』という著作があり、因明学者という一面もあった。源信の因明の学説は法相宗のそれとは異なるものであったことが知られている。宗を問わず、基の『因明大疏』が広く読まれたことは間違いないが、因明の学説にも多様性があったのである。

ちなみに因明は、学僧だけではなく、一般の知識人のあいだでも一種の教養となっていたようである。「日本一の大学生《だいがくしょう》」とも「悪左府」ともよばれた左大臣・藤原頼長《ふじわらのよりなが》（一一二〇〜一一五六）に、『左府抄』という因明の著作が残っているのは、その一例である。また、『古今和歌集』には、真静法師の作とされる「煙たちもゆとも見えぬ草の葉を誰かわらびと名づけそめけむ（煙が立って燃えて／萌えているとも見えない草の葉のことを、誰が藁火《わらび》／蕨《わらび》と名づけたのだろうか）」という歌がある。石井公成によれば、この歌は因明文献に見られる「あの山には火がある。煙があるから。かまどのように」というよく知られた論証の例（後述）を下敷きにしている可能性があるという（石井二〇一七）。この和歌が『古今和歌集』に入っていることから考えても、因明の知識が一般教養として普及していたことがわかる。

推論・論証の形式

とはいえ、現代においては、残念ながら因明のことを知る者は多くない。因明がどのような形式を持つ論理学なのか、概観しておこう。

たとえば、遠くに見える山に煙が立ち上っているのを見たA氏が、煙の存在からその山では火が燃えていると推測し、それを隣にいるB氏にわからせようとしたとする。その場合、A氏の主張は、因明においては左のような形で表現される。

主張　あの山には火がある。
理由　煙があるから。
例喩　かまどのように。

因明では、立論者（ここではA氏）が論証したいと思っている主張・結論（**宗**《しゅう》）を最初に述べる。次に、論証するための根拠となる理由、論拠（**因**）を述べる。「因明」の「因」はこの理由のことである。そして最後に、理由を裏づける前例（**喩**）を述べる。因明における正しい論証は、必ずこの宗・因・喩の三つで構成されることから、三**支作法**とよばれる。

三支作法は右のような形が一般的であるが、実際には左の傍線部分が省略されている。

主張（宗）　あの山には火がある。
理由（因）　煙があるから。
同類例（同喩）　煙があるところには必ず火がある。かまどのように。

異類例（異喩）　火がないところには決して煙はない。湖のように。

「かまど」や「湖」といった前例から、「煙があるところには必ず火がある」「火がないところには決して煙はない」という法則性（この二つは対偶の関係にある）が見出されている。それを今見えている「あの山」に適用すれば、「火がある」ことがわかる、というのである。省略された形であっても、主張（宗）と理由（因）とがあれば、「湖のように」を除く傍線部は再構成することができるので、省略形であっても問題はない。

この三支作法を理解するために、以下のように**三段論法**に書き換えることがある（東アジアの伝統的な論証形式を説明するために、ギリシア由来の三段論法を用いるのは、いささか忸怩たるものがあるが）。

大前提　およそ煙があるところには必ず火がある（≒同類例）。

小前提　あの山には煙がある（≒理由）。

結論　あの山には火がある（≒主張）。

このように三支作法と三段論法とのあいだに類似性が認められることから、因明が演繹論理であると考える研究者もいる。しかしながら、因明では「あの山」を「およそ煙があるところ」のなかに含まないので、「およそ煙があるところには必ず火がある」という法則性が、「あの山」に必ず当てはまる保証はない（したがって、本来であれば右のような書き換えはできない）。その意味で、因明は**帰納法**的である。因明が実際にどのような論理システムなのかについては、帰納法であるとか、トゥールミン・モデルに近いものであるとか、現在でも意見が分かれている。

ともあれ、このような形式で論証を行うわけであるが、論証には成功もあれば失敗もある。たとえば、A氏の「あの山には火がある。煙があるから」という主張に対して、B氏が「発煙筒のように、火がないところでも煙は生じるではないか。「煙がある」という根拠だけでは、あの山に火があると断定することはできない」と反論した場合、A氏の論証は失敗した、ということになる。もちろん古代には発煙筒はないが、先の『古今和歌集』の歌にあった藁火――炎は出ないが煙は出る籾殻《もみがら》焼きのようなものか――のように、火がなくても煙がある例は知られていた。実はこの「あの山には火がある。煙があるから」の例は、因明書のなかでは、誤った論証の例として出てくるものである。

日本の因明学においては、いかにして論証が成立するのか、という議論よりも、三支作法で組み立てられた論証が、どのような場合に失敗するか――別の言葉で言えば、どのような論理的な**過失**があるか、ということへの関心のほうが高かった。因明で定義される論理的な過失は、玄奘が訳した因明の入門書『**因明入正理論**《いんみょうにっしょうりろん》』という文献で分類された数から**三十三過**と総称される。そのうち、主張(宗)の過失には、仏教徒が「全能の神は存在する」と主張するような自教相違や、「あらゆる言明はすべて虚妄である」というような自語相違など、九種類ある。最澄が、徳一を批判する際にしばしば指摘したのが、このタイプの過失である。理由(因)の過失には、右のB氏の指摘のように、不十分な論拠を指摘するような場合を含め、十四種類ある。先に紹介した源信の著作は、この理由の過失に関するものである。また「人は必ず死ぬ。動物だから。桜が散るように」のように、証明の役に立たない例喩(喩)による過失には十種類が数えられている。以上で合計三十三となる。

論争において、相手の主張を批判する際には、因明上の過失を指摘することが有効である。最澄や徳一が、相手の主張に対してどのような過失を指摘したのかについて、これから見ていくとしよう。

2　異なる思想どうしの対論

対論が成立する条件

先に見た共許とは、因明において対論が成立するための条件の一つである。対論において何らかの主張をする立論者のことを**立者**《りっしゃ》、それに反論する対論者のことを**敵者**《じゃくしゃ》という。先の例で言えば、A氏が立者、B氏が敵者となる。因明においては、立者が主張をする際に用いる概念や言葉は、立者・敵者の両方が承認しているものでなければならない、というルールがある。これを**立敵共許**《りゅうじゃくぐうご》、あるいは**共許極成**《ぐうごごくじょう》などという。先に最澄が言っていたのはこれである。

たとえば、立者のA氏がキリスト者で、敵者のB氏が仏教徒だったとしよう。先ほどの例のように、山から煙が立ち上っているのを見たA氏が、B氏に対して「あの山では火が燃えている。煙が見えるから。かまどのように」と三支作法で提示したとする。このとき、「あの山」や「煙」が立者（A氏）・敵者（B氏）の両方に見えていて、山や煙、火といった概念を両者が知っていれば、「あの山では火が燃えている。煙が見えるから」は、真偽はともかく、有効な主張や論拠として成立する。

しかし、キリスト者である立者A氏が、仏教徒である敵者B氏に対して、「父なる神は最後の審判の主権者である」と主張したとしよう。この場合、主語にあたる「父なる神」も、述語に含まれる「最後の審判」も、仏教徒であるB氏は承認できない。両者が承認していない、つまり共許していない概念を用いて主張を行っているので、A氏の主張は無効な主張となり、真偽の判定以前に、そもそも対論として成立しないことになる。因明では、主張の述語のことを**差別**《しゃべつ》（主語を限定するもの）というので、述語が共許していない場合は**能別不極成**《のうべつふごくじょう》（限定するもの＝述語が相互に承認されていない過失）、主語が共許していない場合は**所別不極成**《しょべつふごくじょう》（限定されるもの＝主語が相互に承認されていない過失）、主語・述語の両方が共許していない場合には**倶不極成**《くふごくじょう》という。この三つは、主張（宗）の九つの過失に含まれる。A氏が「父なる神は最後の審判の主権者である」と主張したいのであれば、まずB氏に「父なる神」「最後の審判」などを納得させなければならない。

このように因明は、異なる宗教、哲学、思想間の対論を前提としている。もちろん、平安時代の人々が学んでいた因明文献にキリスト教徒は出てこないが、ヴァイシェーシカ学派やサーンキヤ学派といった仏教外の諸派とのやりとりが、例文として頻出する。興味深いことに、これらの学派が存在しない東アジアに伝わって以降も、同じ例文が使われ続けていた。キリスト教の例文を用いるようになったのは明治時代以降であり、右の「父なる神は最後の審判の主権者である」という例文も明治時代の因明入門書に出てくる例である。大乗仏教徒にとって、仏教以外の宗教を信じている人を説得し、考えを変えてもらい、仏教に帰依させることができれば、それは救済活動であり、**利他行**《りたぎょう》である（他宗教の立場からすれば、余計なお世話かもしれないが）。したがって因明を用いた問答は、利他行なのである。

最澄・徳一の時代からはだいぶ後の話になるが、鎌倉時代の法相宗の学僧・良遍《りょうへん》（一一九四～一二五二）は、その著書『観心覚夢鈔《かんじんかくむしょう》』のなかで、論争とは何か、という問いにこう答えている。

そもそも論争（諍論《じょうろん》）とは、同一の立場の同一のことがら（一門一事）のなかで、水と火のような二つの主張（義）が出てくることである。（『観心覚夢鈔』）

ここで良遍が言っているのは、論争においては共許極成が前提となる、ということである。論争とは、立者・敵者が概念等を共有している言説空間のなかで、まったく対立する意見をぶつけあうことである。最澄と徳一もまた、ひとまずはこのルールにもとづいて、論争をしていたのである。

徳一の天台教学に対する懐疑

では、実際にこのルールを用いて、徳一がどのように天台教学を批判したかを見てみよう。『法華経』の冒頭では、他の大乗経典と同様、数多くの聴衆がいる様子を描写する。一万二千人の比丘(男性出家者)がおり、比丘尼(女性出家者)が多くの眷属《けんぞく》とともにおり、八万人の菩薩がおり、数多くの神々も来集して……といった具合である。そのうち、八万人の菩薩衆については、その徳の高さが次のように讃えられている。

(八万人の菩薩は)全員、①無上の悟りに対して不退転であり、②善を保つ力があり、③思いのままに説法する力がある。④不退転の法輪を転じ、⑤無量のブッダを供養し、⑥様々なブッダのところで善根を植え、⑦常にブッダから称賛されている。⑧慈悲によって身を修め、⑨巧みにブッダの智慧に入り、⑩大いなる智慧に通達し、⑪彼岸へと到っている。⑫その名声は広く無量の世界に聞こえ、⑬無数の衆生を救済している。(『法華経』)

道忠教団が著した可能性のある「天台法華義」では、天台宗の根本聖典の一つ、智顗《ちぎ》の『法華文句』に基づきながら、この部分を様々に解釈しているのであるが、徳一は『中辺義鏡』のなかで、これを「**辺主**」の説として引用する。

辺主が（次のように）言う。「今、この十三句を縦方向と横方向に解釈する。縦方向では（この十三句を、菩薩の階梯である）十地にもとづいて解釈する。横方向では、（この十三句を、菩薩の階梯である十住《じゅうじゅう》のなかの）初住《しょじゅう》にもとづいて解釈する。……」（『中辺義鏡』）

智顗の説に基づく道忠教団のことを「辺主」とよぶ意味については、前章で見た通りである。徳一の意識のなかでは、道忠教団は三論宗側に見えていたのであろう。

大乗仏教では、菩薩が十信《じっしん》→十住《じゅうじゅう》→十行《じゅうぎょう》→十廻向《じゅうえこう》→十地《じゅうじ》という**階位**《かいい》（段階）を経てブッダになると説くが、『法華文句』＝「天台法華義」では、右の①〜⑬が十地の各段階における菩薩の功徳を表すとともに、十住の最初の初住の菩薩の様々な功徳を表すものでもあるという。前者は段階的に下から上に上がっていくものだから縦方向、後者は一つの段階のなかにたくさんの功徳が横並びになっているから横方向というのであろう。

それに対して徳一は、インド唯識派の祖である天親《ヴァスバンドゥ》（世親）が『法華経』を解説した『**法華論**《ほっけろん》』に基づき、この①〜⑬は八地以上の菩薩の功徳を讃えたものであると批判する。そして、「天台法華義」が言うように①〜⑬を七地以下の菩薩に配当することは不適当であるし、ましてやそれより低い初住の菩薩の功徳を表していると解釈することはできない、というのである。

このほかにも徳一は様々な批判をするが、①〜⑬が初住の菩薩の功徳を表すものという説について、次のような因明を用いた批判をしている。

> もし(「天台法華義」が)「円教の位においては、一つのことについて(心が)発したならば、すべてのことについて(の心が)発する」と言うのであれば、そうではない。彼が主張する四教は、(立論者である「天台法華義」の著者と、対論者である徳一の)両者に承認されていない(不共許)からである。四教に基づいて主張を述べるのは、(主張の主語・述語の)両方が承認されていないという過失(倶不極成)である。(『中辺義鏡』)

ここで「円教」や「四教」という術語が出てくるので、補足しておこう。これは天台宗の教相判釈である五時八教のなかの**化法《けほう》の四教《しきょう》**のことである。説法の時期によって分類した**五時**(前章参照)や、説法方法によって分類した**化儀《けぎ》の四教**とあわせて五時八教と総称される。化法の四教では、その内容(法)によって、次の四種類に分類する。

蔵教《ぞうきょう》……三蔵教の略。阿含経(初期仏典)などで説かれる「小乗」の教え。
通教《つうぎょう》……小乗と大乗に共通する教え。
別教《べっきょう》……小乗とは別の、大乗の菩薩のためだけの教え。
円教《えんぎょう》……『法華経』などに説かれる完全で円満な教え。

このうち、最高の教えである**円教**においては、初住の段階から輪廻の世界である三界《さんがい》を離れ、聖者《しょうじゃ》の位に入ると考える。初住は「初発心住」、すなわち最初に菩提心(悟りを得たいと願う心)を発《おこ》す段階とも言われるが、天台円教では『華厳経』の「最初に菩提心を発した時に、悟りを得る」や『涅槃経』の「(最初の)発心と究極(の悟り)の二つには区別がない」といった経文にもとづいて**初住成仏説**を主張する。

これに対して、徳一は、「円教の位においては、一つのことについて(心が)発したならば、すべてのことについて(の心が)発する」という主張(宗)に対して、主語(所別)である「円教の位においては」という部分も、述語(能別)である「一つのことについて(心が)発したならば、すべてのことについて(の心が)発する」の部分も、ともに承認された概念ではないので、**倶不極成**という過失になると批判しているのである。対論の当事者が承認していない概念を用いた議論は成り立たない、という因明のルールを使って、「天台法華義」の主張を無効化しようとしているのである。

徳一からすれば、円教などという法相宗では承認されていない新来の概念を用いて何かを主張したいのであれば、それ以前に円教やそれを含む化法の四教などについての論証を積み重ねるべきであって、いきなり相手が承認しない概念を用いて何かを主張されても対論にならないということになる。徳一が論証の積み重ねを重視していたことは、次のような発言からも読みとることができる。

（法宝は）道理に反して聖人（である弥勒《マイトレーヤ》）の『瑜伽師地論』の問答の意図を論破しようとしている。阿頼耶《アーラヤ》識のなかにある有漏《うろ》（＝煩悩を生じてしまう）種子は、表層的なものであって了解しやすいもので、凡夫《ぼんぶ》と聖者が共に承認（共許）している。無漏《むろ》（＝煩悩を生み出さない）種子だけは、深層的なものであって知り難い。阿頼耶《アーラヤ》識もまた（聖者だけが承認していること であって）凡夫と聖者の両者によって承認されていることではない。ましてや、かの識のなかに先天的に有している無漏種子については、誰が信じることができようか。したがって（聖者である）この論（『瑜伽師地論』）の著者（弥勒）は、まず表層的な有漏の種子が身心を束縛することから話を始めて、問答を往復すること数回にわたって（相手を）追及した後、先天的に有している無漏種子について明らかにするのである。……（『中辺義鏡』）

〝共許ではない概念を相手にわからせるためには、すでに相互に承認されている概念をもとにした問答を通じて、相手の納得を段階的に重ねていく必要がある〟という徳一の考え方が、右の文には現れている。ちなみに、ここで述べられている先天的に有している無漏種子（本有《ほんぬ》無漏種子）は、五姓各別説の理論的な根拠となるものである（後述）。どのような無漏種子を有しているかによって、五つの種姓のどれになるかが決まるからである。

徳一が、円教を含む天台宗の教相判釈の概念について承認していないことは、『中辺義鏡』

前半で強い言葉で述べられている。前章で見たように、徳一は『解深密経』の三転法輪説と法相宗の三時教判を述べた後、「天台法華義」で説かれる五時八教に対する批判を展開する。その批判を始めるに際して、徳一は次のように述べるのである。

『解深密経』が説く三時教は、釈迦如来の金口《こんく》の説である。……今、汝の四教は、これは誰の言葉なのか。正覚者の聖なる三時教の説を斥け、それとは別に凡人の臆説である四教を打ち立てている。顚狂《てんのう》の人でないと言えようか。……おいこら、智公（智顗）よ、汝は誰の弟子なのだ。三寸に足らない舌根《ぜっこん》によって、顔を覆うほどの（ブッダの）舌が説いた三時教を謗るとは。願わくば、すべての智慧ある者よ、ブッダの説かれた三時教を学ぶべきである。臆説にすぎない四教、八教に依拠しないように。（『中辺義鏡』）

『中辺義鏡』に引用される範囲では、「天台法華義」が三時教判を直接謗《そし》るような言説は見られない。ただし、これを書いたと思われる道忠教団では、三時教判を批判する思想が学ばれていた。もしかすると、別の文献や、引用されていない部分で、三時教判批判がなされていたのかもしれない。

このように天台宗の教相判釈に対して強い懐疑を持つ徳一を説得し、円教という概念を共許極成させなければ、因明のルールとしては、先ほどの主張は成立しない。徳一はそのように考えていたのである。

最澄の反論――「共許」の範囲

これに対する最澄の反論を見てみよう。

あわれみ諭《さと》して言おう。これも違う。麁食者《そじきしゃ》(徳一)一人だけが共許していないとしても、大唐・新羅では皆、共許している。百千の闇者《あんじゃ》が共許しないとしても、南天竺で夷狄《いてき》を探すほうがよい。四教という法の城は、いまだかつて傾いたことがない。教え(の内容や方法)についての様々な解釈は、冷静に見るべきである。(『守護国界章』)

ここで最澄は、徳一が承認をしていなくても、大唐・新羅の学僧たち、言い換えれば当時の仏教界のほとんどが承認しているのであるから、共許が成立するので、徳一の批判は当たらない、というのである。ここ以外でも、最澄は「漢地(中国)の諸宗は皆、共許している。近頃の会津(徳一)では、どうして承認しないのか」(『守護国界章』)といった具合に、このようなタイプの批判をたびたび徳一に投げかけている。

この最澄の反論には伏線がある。最澄・徳一論争が始まる少し前の弘仁四年(八一三)に最澄が書いた『**依憑天台集**《えひょうてんだいしゅう》』(正式には『大唐新羅諸宗義匠依憑天台義集』)である。この書物は、唐や新羅の学僧たちがいかに天台教学を称賛し、論拠としていたかを示す文章を集めた資料集である。最澄は、その序文で、次のように言っている。

> 天台の伝法は諸宗の明鏡である。陳・隋以降、唐が建国する以前、(智顗という)人は歴代(の王朝)から「大師」とよばれ、その教えは諸宗が論拠としていた。……我が日本の天下は、円機《えんき》(円教を学ぶ能力)がすでに熟し、円教がついに勃興した。(しかし)後の時代の者は、それぞれ自宗に執着し、偏って妙法を批判している。ある者は「天台宗が主張する四教は、外道(仏教以外)の説だ」と言い、ある者は「新羅・大唐に笑われている注釈だ」と言う。
>
> (『依憑天台集』)

最澄が天台教学を紹介した当時、天台の四教の説は日本の仏教界では「外道の説」と言われていたようである。徳一の「汝の四教は、これは誰の言葉なのか」といった発言も、このような当時の天台宗に対するイメージをふまえたものかもしれない。ともあれ、最澄・徳一論争が始まる数年前には、円教などの概念は仏教界で承認されていなかったのである。それが『依憑天台集』の提出以後、『守護国界章』が書かれるまでのわずか数年のあいだに承認されるようになったとは思えないが、最澄は「大唐・新羅では皆、共許している」という反論の裏づけを自ら準備していたのである。

一対一の対論という状況を離れれば、最澄の用いているような意味で「共許」という言葉を使うことはある。たとえば**世間共許**と言えば、世間一般で承認されている、一般常識になっている、といった意味になる。因明にも、論争当事者が属しているコミュニティ(世間)のなかでの常識に反した主張をしてはいけない、というルールがある（それを守らなければ**世間相違**という過失になる）。たとえば、月にウサギがいると信じられていた古代インドのコミュニティにおいて、「懐兎《えと》（ウサギを懐《いだ》くもの＝月の別名）は月ではない」という主張をすることはできない、といった具合である。因明的に言えば、数年前に「外道の説」とまで言われていた四教説を用いて「円教の位においては〜」という主張をする場合には、四教説が仏教界における常識にカウントされていなければならない。右の最澄の反論からすれば、少なくとも最澄の意識のなかでは、「大唐・新羅では皆、共許している」ので、四教は仏教界という「世間」において共許されている、ということなのであろう。

しかし、この最澄の反論は、陳那《ディグナーガ》の論理学に基づいた因明の原則からすれば、いささか不可解な議論にも見える。世間共許は、過失を犯さないための前提の一つであるが、それさえあれば議論が成立するわけではない。立論者（立者）が主張（宗）・理由（因）・例喩（喩）の三支を用いて説得しようとしているのは、あくまで当事者である対論者（敵者）である。対論者に対して、「あなたは承認していないかもしれないが、世間一般では承認されているのだから納得しろ」と、多数決を押し付けるようなことを言って納得させるのは、因明では想定されていない。あくまで、既知の概念を組み合わせた論証によって相手を説得し、相手の頭のなかに、相手が知らなかったことについての〝智〟を生じさせ、納得させようというのが因明の目的である。したがって、自分が承認していない概念、つまり共許極成していない概念を使って主張をするな、という徳一に対して、他の人が認めているから問題ない、と反論しても、反論にはならない。

ちなみに、この立論者・対論者双方が承認している概念を用いなければならない、という原則は、あくまで陳那の論理学のものであって、すべての学僧によって採用されていたものではない。インドの話になるが、月称《チャンドラキールティ》（七世紀）という中観派の学僧は、空論者と不空論者のように、まったく意見の異なる者のあいだでは、本来「共許」なる何ものも存しえない、と考えていた。また、空有の論争がらみでこれまで何度も名前の出てきた清弁《バーヴィヴェーカ》は、一方のみが承認していれば対論は成立し、相手を論破することができる、と考えていた（山崎一九六〇）。対論が成立する前提について、見解に差があったのである。

この清弁の考え方は、どうやら玄奘も採用していたようである。それがわかるのは、玄奘がインドで主張したという伝承がある「**唯識の証明**（**唯識比量**）」とよばれる論証である。

主張（宗）　真理においては、立論者・対論者のあいだで承認された（眼の認識対象である）色・形は、眼の認識作用を離れて存在しない。

理由（因）　なぜなら、私が承認している（十八界の）最初の三つ（すなわち眼、色・形、眼の認識作用）には含まれるが、眼には含まれないからである。

例喩（喩）　たとえば眼の認識作用のように。

冒頭の「**真理においては**」という限定句は、清弁《バーヴィヴェーカ》が空を論証するために陳那の論理学を改良して考案した独自の論理学の特徴の一つであり、先に述べた世間相違を回避するための限定句である。「あらゆるものは空である」という主張は世間の常識に反するので、「ブッダが悟った真理においては」という限定句を付すことで、常識的判断から切り離しているのである。それが唯識比量で採用されている。さらには、傍線で示したように「私が承認している」（自許《じこ》）という限定句を付して理由を提示している。繰り返しになるが、陳那の論理学からすれば、「私」つまり立論者である玄奘だけが承認している概念を用いて論証をすることはできないし、実際、唯識比量が紹介されて以降、現代の中村元に至るまで、この点をとりあげて、玄奘は陳那の論理学を理解できていないのではないか、という批判がなされてきた。

しかし、玄奘が清弁の論理学を用いているとすれば、「私が承認している」と言ったとしても、陳那の論理学のルールと抵触することはない（もちろん、清弁の論理学自体に問題はないのかを問うことはできるが、ここではそれが問題ではない）。もっとも、基以下の法相宗の人々は清弁を強く批判していたので、その師にあたる玄奘が清弁の論理学に依拠しているのはいいのか、という問題提起はあり得るし、実際、空有の論争では唯識比量の批判的検討が何度も繰り返されるのであるが。

ともかくこのように、「共許」については、当時、様々な考え方があり得た。徳一は陳那の論理学に依拠しているわけであるが、最澄は――意図的だったのか、単に因明を誤解していたのかはわからないが――それとは異なる考え方で、徳一からの批判をかわそうとした、ということである。つまり、論争においては、論争当事者による承認よりも、仏教界における承認のほうが優先される、という考え方である。

日本仏教を形作った「共許」

このような最澄の考え方は、第二章で見た「一目の網では鳥を捕まえることはできない」という最澄の仏教観にもつながってくるように思われる。最澄は、どれか一つの宗(「一目の網」)だけがあればよい、という考えではなく、三論宗と法相宗、あるいは南都六宗のような、考え方が異なる複数の宗が並立しているからこそ、多くの人々を救うことができるのだ、と考え、天台宗を含めた各宗の出家者に均等に定員を割り振る年分度者制の提案をし、それが後の**八宗体制**へとつながった。そこには、できたばかりの天台宗の人員を安定して確保したい、という最澄の個人的な思惑があったとしても、三論宗・法相宗の対立に対する詔勅にも見られるように、当時の人々に共有されていたものであった。

このような諸宗併存の体制を成り立たせた考え方の一つが、他宗による承認としての「共許」ではなかったかと思う。たとえば、「真如種子《しんにょしゅうじ》」という言葉の解釈をめぐって、法宝《ほうぼう》と法相宗とが対立している（徳一が法相宗の立場で法宝を批判している）やりとりを引用した後に、最澄は次のように言う。

もし（お互いの）意図を理解して相互に承認すれば（相許）、あちらとこちらで利があるだろう。もし（自身の説に）執着して相互に諍えば、あちらとこちらは（ともに）道を失うであろう。（『守護国界章』）

ここに見られるように、相容れない思想であっても相互に承認することが可能であり、それを通じて個々の思想が他人を利することができる、という最澄の考え方を読みとることができる。

時代は下がるが、鎌倉時代の凝然《ぎょうねん》（一二四〇～一三二一）は、現在でも入門書として広く読まれている仏教概説書『八宗綱要』において、次のように述べている。

日本に（伝わった）教えで、昔から学ばれているのは、もともと八宗だけである。現在に至っても変わっていない。そのあいだに（八宗とは）異なる宗旨がなかったわけではない。そうではあるが、古今に（各宗が）互いに承認（共許）して学ばれてきたのは、ただ八宗だけである。（『八宗綱要』）

仏教には「宗」がたくさんあるが、八宗はなぜこのように特別扱いなのか。ここで凝然が念頭に置いているのは、当時勃興しつつあった浄土教や禅宗である。たとえば、法然（一一三三～

一二一二)が浄土宗を立てたことに対して批判した『興福寺奏状《そうじょう》』では、「宗」を立てるには公家に奏上し、勅許を得なければならない、と述べ、八宗を宗たらしめている根拠の一つとして国家による承認をあげている。凝然はそれとは別に、八宗の相互承認(共許)をその根拠としている。このような考え方は、平安時代初期あたりから続く考え方を踏襲している。最澄・徳一論争において、最澄が徳一を批判するために用いたロジック――陳那の論理学から逸脱した「共許」の用法は、最澄の思想が反映したものであり、さらには後の日本仏教における八宗体制を成り立たせる理論的根拠の一つにもなったと考えられる。

一方で、徳一が前提としていた因明のルールが、最澄の考え方によって上書きされたわけではない。因明は日本仏教のなかで長く学ばれ、研究され続けたので、立敵共許の原則もまた、多くの学僧が理解していた。「共許」という術語が、世間共許と立敵共許という二つの原則をまたがるからこそ、最澄のような反論が成立したのである。

3 「ブッダになれない衆生」の存在証明

『成唯識論掌中枢要』における二つの論証

もう一つ、論理学を用いた議論について見てみよう。

これまで述べてきたように、法相宗では五姓各別説に基づき、すべての衆生(生きとし生けるもの)には仏教的な素質——種姓《しゅしょう》の違いがあり、全員がブッダになれるわけではない、と主張する。この違いは、前節で少し言及した、個々の衆生が備えている本有無漏種子(先天的に有している煩悩を生み出さない種子)の有無によって決定する。

①声聞種姓もしくは**声聞定性《じょうしょう》**　}…定性二乗
②独覚種姓もしくは**独覚定性**　}
③菩薩種姓もしくは**菩薩定性**
④声聞・独覚・菩薩種姓を二つ以上兼ね備えた**不定性《ふじょうしょう》**
⑤声聞・独覚・菩薩種姓のどれも備えていない**無性有情《むしょううじょう》**

このうち、ブッダになることができるのは、③と、④の一部(菩薩種姓を持っている者)である。菩薩種姓は、一般に**仏性**とよばれるものとなる。ここで言う「種姓」や、仏性の「性」は、先祖から受け継いだ「血筋」あるいは資質のように、特定の何者かになる原因となるものである(マンガやアニメによく出てくる〝～家の能力〟に近いかもしれない)。仏教では、親から子へ能力が伝わることはないので、あくまで個人が持つ資質であるが、ブッダになる素質のことを「菩薩の血筋に生まれた者」「ブッダ一族の人」のような言い方でよんだのである。

逆にブッダになれないことが決定しているのは、①、②、⑤である。④のなかで、声聞種姓と独覚種姓しか持っていない衆生もブッダにはなれない。①、②はまとめて**定性二乗**《じょうしょうにじょう》と言われる。定性二乗は、身心が完全に消滅する涅槃(無余依涅槃《むよえねはん》)に到達するための素質のみを有し、ブッダになるための素質は有していないので、ブッダになることはない。⑤**無性有情**(有情は衆生と同じ意味)はそもそも、仏教徒が目指す無余依涅槃もしくはブッダになることを達成するための素質を有していないので、永遠に輪廻の世界をさまようことになる。仏教的な素質がないからといって無性有情は見捨てられるわけではない。人や天といった五道(六道)のなかで条件のよい世界に生まれ変わることができるように、菩薩による救済の対象となる。

基の『**成唯識論掌中枢要**《じょうゆいしきろんしょうちゅうすよう》』では、この定性二乗と無性有情の存在証明をするために、教証(経典による証明)と比量(論理学を用いた論証)を行っている。定性二乗の存在証明は、教証が六つ、比量が一つ。無性有情の存在証明は、教証が九つ、比量が二つ。これを最澄が批判したのが『**通六九証破比量文**《つうろっくしょうはひりょうもん》』(六つの教証と九つの教証を会通し、比量を論破する文)である。

本節では後半の比量が主題となるが、前半の教証についてもいくつか紹介しておこう。基が定性二乗の存在を証明する証拠としてあげる『華厳経』の文は、以下のようなものである。

> ブッダの子らよ。(ブッダになる直前の)菩薩が、兜率天《とそつてん》で寿命を終えるとき、十種のことが示現する。……第三には、右手の掌から大光明を放ち、三千大千世界をことごとく荘厳し浄化することができる。この世界のなかに、もし無漏の独覚がいて、この光に気づいたな

ら、即座に寿命を捨てて涅槃に入る。もし気づかなければ、光明の力によって、他方にある別の世界に移動される。（『華厳経』）

傍線部にある「（独覚が）寿命を捨てて涅槃に入る」という部分が、定性二乗がいる証拠だという。いまひとつピンとこないかもしれないが、基はこの「涅槃」を無余依涅槃だと解釈し、独覚定性がいることを証明しようとしているのである（声聞定性の存在証明にはなっていない）。また、弥勒《マイトレーヤ》菩薩が説いたとされる『大乗荘厳経論《だいじょうしょうごんきょうろん》』の次の一節も、定性二乗の証拠だとされる。

原因となるもの（界）の違いにより、三乗の種姓の違いがある。（『大乗荘厳経論』）

弥勒は唯識派の祖とされる人であるから、その著作に五姓各別説の根拠となるようなことが書いてあるのは当然であるが、釈迦如来の次にブッダになると信じられていた弥勒の言葉は、ブッダと同じような権威を持っていたであろう。

無性有情の存在証明のために引用される経文としては、たとえば『涅槃経』の次の一節があげられる。

善男子よ。もし一切衆生には確実に仏性がある、と説く人がいれば、その人はブッダと仏法と僧伽《サンガ》（仏法僧）を謗る者と言われる。もし一切衆生には決して仏性がない、と説く者がいれば、この人もまたブッダと仏法と僧伽《サンガ》を謗る者と言われる。（『涅槃経』）

基はこの経文を用いて、生きとし生けるものには仏性(ブッダになるための素質)がある者もいれば、ない者、つまり無性有情もいる、という証拠としているのである。

これらはブッダやそれに準ずるような菩薩の言葉であるから、仏教徒としては論破したり否定したりすることはできない。したがって、基を批判するためには、すべての人はブッダになれる、といった逆のことが書かれている経文を持ってくることで、基が根拠とする経文がブッダの真意なのではない、という方向に持っていかざるを得ない。実際に最澄は、そのような反論を行っている。大乗経典は様々な思想を持った人々が作り出したものなので、一切衆生がブッダになる、と説く経典もあれば、一部の衆生はブッダになれない、と説く経典もある。相互に矛盾する仏説を、矛盾しないように解釈しようというのが**会通**《えつう》である。会通は、先に見た教相判釈――決して決着することのない〝ブッダの真意〟をめぐるヘゲモニー争いを成立させるための解釈方法である。

では、論理学(因明)を用いた証明(比量)はどのようなものであろうか。まず、**定性二乗の存在論証**を見てみよう。

主張(宗)　二乗の結果には、定性が存在する。

理由(因)　(二乗の結果は、それぞれの)〝乗〟において教化されるもの(所被)だから。

例喩(喩)　大乗の人のように。

なかなかわかりにくいと思うが、基が言いたいことは、だいたい以下のようなことである。声聞・独覚という二乗(二つの道)には、完全に輪廻から脱して無余依涅槃を得る、という結果がある。そのためにはそれぞれに声聞定性・独覚定性という資質、原因が存在するはずである、というのが論証したいこと(主張＝宗)である。その理由(因)としてあげられるのが、「声聞乗・独覚乗という〝乗〟における教化の結果だから」というものである。およそ〝乗〟において教化されるものには、必ず原因がある。ブッダになるために、大乗仏教によって教化され、ブッダになった人には必ずブッダになるための原因となる仏性(菩薩定性)がある。そうであるならば、声聞乗などにおける教化によって無余依涅槃という結果が得られるためには、声聞定性という原因があるのではないか、という論証である。

一方の**無性有情の存在論証**は、次のようなものである。

主張(宗)　(経典などに)説かれている無性有情は確実に存在する。
理由(因)　有性と無性のどちらか一つに含まれるから。
例喩(喩)　有性のように。

主張(宗)　(経典などに)説かれている無性有情は確実に存在する。
理由(因)　聖者によって説かれているから。

例喩（喩）　有性を説く（経典の）ように。

無性有情の論証は二つの比量からなっている。一つ目は、「有」と「無」が相対的な言葉であることから、仏性などがあることを意味する「有性」という言葉があるなら、必ず「無性」もあるはずだ、ということである。二つ目は、ブッダをはじめとする聖者が説いた仏典中に、「一切衆生悉有仏性」などといった「有性」についての経文があり、それが実在するとされているのだから、同じく仏説に見える無性有情もまた実在するはずだ、という議論である。

定性二乗論証に対する批判

ここでは、定性二乗論証に対する最澄『通六九証破比量文』の批判を見ていきたい。無性有情の存在論証については、最澄の批判が簡潔すぎて、どのような問題があると最澄が考えていたのかがわかりにくいため、ここでは省略する。

定性二乗論証に対する最澄の批判は大きく二つに分けられる。一つ目は、基の主張が、自身のよって立つ教理と矛盾するのではないか、という指摘である。

山家《さんげ》が論破しよう。立てられた論証（比量）のなかには、自教相違の過失がある。『楞伽経《りょうがきょう》』が説く五種性のなかには定性声聞は存在せず、『涅槃経』の説く五種の病人には、定性独覚は存在しないからである。（『通六九証破比量文』）

最澄は、比叡山で修行をする自身の教団、つまり天台宗のことを「山家」とよぶ。ここで言われている**自教相違**とは、因明の三十三過の一つで、「自分がよりどころとする教説と矛盾する主張をすること」という過失である。最澄・徳一論争のなかで、最澄と徳一が相手の論理的矛盾を指摘する際にもっとも多いのが自語相違(自己矛盾)であるが、その次に多いのがこの自教相違である。

『楞伽経』は、法相宗が重視する〝六経十一論〟の一つで、唯識思想を説く経典である。また『涅槃経』は、先に見た通り無性有情の論証などに、教証として用いられている。それらの経典に定性二乗について説かれていないので、基自身がよりどころとしている教説と矛盾しているのではないか、というのである。『楞伽経』などで声聞定性が説かれていないからといって、『楞伽経』が声聞定性の存在を否定していることにはならないが、最澄は〝『楞伽経』は声聞定性を説いていない〟ことをもって〝『楞伽経』は声聞定性を否定している(から、基の主張と矛盾する)〟を導いてしまっている(ちなみにこれは、因明では似破＝誤った論破に相当する)。

もう一つは、基の言う「定性」に二種類の意味が含意されているのではないか、という批判である。

法相師《ほっそうし》(である基)が立てた論証において、その主張(の述語)である「定性が存在する」のなかには、二種類(の意味)がある。一つは本質として決定しているもので、〝乗〟によって教化されない。二つ目は方便として(一時的に)決定しているとするもので、〝乗〟によって教化される。法性宗《ほっしょうしゅう》(である天台宗)は、定性を状態に応じたものとする。……(厳密に言えば)法相師は法性宗に対して、「二乗の果には、本来的な本質であり、作られたものであり、無漏である、それぞれ一つずつの種子の定性がある」と言っているのであるが、(そうすると「大乗人」では決定した定性二乗の論証はできないので)同類例が存在せず、(主張の述語は法性宗には承認されないので)能別不成(という過失)になる。(『通六九証破比量文』)

この最澄の批判が前提としていることは、**概念の階層性**である。たとえば、「三角形」という上位概念(一般概念)に対して、「二等辺三角形」や「直角三角形」は下位概念(特殊概念)などと言われる。

三角形 ─┬─ 二等辺三角形
　　　　 └─ 直角三角形

このように概念には、一般―特殊の上下関係があるが、このうち特殊概念のことを因明用語では**差別**《しゃべつ》という。仏教教理で用いられる術語にも、このような概念の上下関係は見られる。五姓各別説に関して言えば、『大乗荘厳経論』という唯識派の文献では、無性有情に相当する

「無《む》般涅《はつね》槃法《はんぽう》」(完全な涅槃(般涅槃)をしないことを属性とする者)に、以下のような二つの下位概念があると言う。

無般涅槃法
- 畢竟《ひっきょう》無涅槃法(決して般涅槃をしないことを属性とする者)
- 時辺《じへん》般涅槃法(一定期間の終わりに般涅槃をすることを属性とする者)

同様に最澄は、「定性」という概念に、以下のような下位概念が含まれているという。

定性
- 本質として決定している定性
- 方便として(一時的に)決定している定性

定性二乗の存在を論証したい基は当然、永遠に変化しない〝本質として決定している定性〟の存在を論証したいと考えているわけであるから、その比量は、厳密に言えば、最澄の言うように、

主張(宗)　二乗の結果には、〝本質として決定している定性〟がそれぞれ一つずつ存在する。

理由(因)　〝乗〟によって教化されるもの(所被)だから。

例喩(喩)　大乗の人のように。

としなければならない。ところが、最澄に言わせれば、「〝乗〟によって教化される」のは「方便として(一時的に)決定している定性」のほうであるから、主張の述語と矛盾することになる。これは因明で言う**法差別相違因**《ほうしゃべつそういいん》、すなわち主張の述語(法)の特殊概念(差別)と矛盾(相違)する理由(因)という過失に相当する。

そして、基が意図していた論証が右のようなものであれば、〝本質として決定している定性〟は、声聞定性・独覚定性・菩薩定性しかいないが、例としてあげられている「大乗の人」は菩薩定性のほかに、菩薩種姓を有する不定性の人も含むため、「大乗の人のように」という例喩では、〝本質として決定している定性〟の存在を論証することはできない(**所立不成**《しょりゅうふじょう》という過失になる)。また、〝本質として決定している定性〟がいる、という主張(宗)の述語(能別)は、天台宗などには承認されない(不極成)ので、**能別不成**《のうべつふじょう》という過失にもなる。

以上が最澄の批判である。この批判は、最澄が独自に考えたものではなく、空有の論争で法相宗と対立していた大安寺の慶俊が書いた『**究竟論補闕**《くきょうろんほけつ》』という著作に見られる批判に基づいていると考えられる。この文献は現存していないが、天台宗の源信が書いた『一乗要決』に引用されて残っており(そこで源信は慶俊のことを「三論宗」と言っている)、**法宝**『**一乗仏性究竟**《いちじょうぶっしょうくきょう》

論《ろん》』の注釈書である（三論宗の目録には慶俊の著作として『一乗仏性究竟論記』という書名が見える）。法宝『一乗仏性究竟論』は、法相宗の五姓各別説に対して激しい批判を行い、最澄・徳一論争でも大きくとりあげられている文献である。最澄が基の定性二乗論証を批判するのに際して、慶俊に依拠しているということは、最澄・徳一論争と、三論宗・法相宗の対立との接点の一つと言えるだろう。

4　言葉の力

最澄・徳一論争は水かけ論か

最澄・徳一論争では、このようにきわめてロジカルな議論が展開されている。そしてこういった議論は、この二人だけではなく、空有の論争なども含めた仏教論争史のなかで営々と積み重ねられてきたものである。

最澄や徳一が前提としていた因明の言語・概念のモデルの特徴は、これまで何度か出てきたように、意味の限定や特殊概念を意味する差別《しゃべつ》という言葉で示される。たとえば、

Aさんは無性有情である。

という文があった場合、「無性有情である」という述語によって、「Aさん」は人間一般から、

五姓各別のなかの一種類としての人間に限定されることになる。したがって因明では、述語のことを差別《しゃべつ》という。また、無性有情（無般涅槃法）という概念には、畢竟無涅槃法・時辺般涅槃法という下位概念があるが、それらもまた差別《しゃべつ》とよばれる。因明では、こういった限定―被限定もしくは特殊―一般の上下関係によって概念間の関係を考える。これは、インドのヴァイシェーシカ学派の概念モデル（知識工学におけるオントロジーにも似ている）が陳那によって採用され、東アジアにも継承されたものである。

このような概念モデルのうえに、論証を論理的に成立させるための方法や、異なる思想を持つ者どうしの対論を成立させるための様々なルールが積み重ねられて、因明のシステムが成り立っている。桂紹隆は陳那《ディグナーガ》の論理学について「ディグナーガは、仏教の枠組みを超えて、如何なる教理的立場からも受け入れられる一種の形式論理学を目指した」と述べているが（桂二〇一二）、因明もまたそれを継承している。つまり、因明を用いれば、異なる思想を持つ者どうしの対論であっても、それぞれの主張や反論について、論証が成功したのか、失敗したのか、批判が妥当であるか、そうでないのかを、一定のルールに基づいてある程度機械的に判定することができるのである（あくまで「理屈の上では」という但し書きがつくが）。

その意味では、最澄・徳一論争を「**水かけ論**」のように評価することは不当である。たしかに最澄と徳一は、一乗真実と三乗真実、一切皆成仏説と五姓各別説というまったく相容れない思想によって対立しており、それぞれの思想はブッダの言葉を根拠としているので、すでに見たように複数の真理を教相判釈的に調停するほかない。しかし因明は、そのような相容れない思想間での議論と説得を可能にしようとする技術なのである。

そもそも因明では、水かけ論的な状況も想定されている。三十三過のなかでは、矛盾する二つの主張が同時に論理的に成立してしまう二つの論拠がある状態、つまり二**律背反**的な状況を**相違決定**《そういけつじょう》とよんで過失に分類している。この場合、そのような論拠では相手を説得する効果を持たないので、過失となるのである。江戸時代の因明学者である天台宗の慧澄癡空《えちょうちくう》（一七八〇〜一八六二）は、その著書『因明犬三支《いんみょうけんさんし》』のなかで、相違決定のことを「水かけ論」だと説明している。因明を用いた対論において、水かけ論になるような主張をした場合には、相違決定と判定されてその立論が無効となる。つまり、因明を適切に用いれば、理論上、水かけ論は回避できるのである（繰り返すが、あくまで「理屈の上では」である）。

小野基《もとい》は、この相違決定の存在から、「ディグナーガが複数の聖典＝信念の存在を認め、それらの並存状況下で有効な論理学の構築を追求していた」と推測している（小野二〇一〇）。その意味で因明は、まさしく三一権実論争のような状況を前提とした技術であった。ともあれ、最澄と徳一が、部分的とは言え、その論争のなかで因明を用いているということからは、思想が異なる者どうしの対論が可能だ、という意志を読みとることができる。

論理では真理に到達できないとしても

ところで、最澄の因明に対する考え方を表すものとして、『守護国界章』の次の一節がしばしば引用されてきた。

三支を用いた論証は、どうして存在の本質(法性)を明らかにできるだろうか。(『守護国界章』)

これは、徳一が三支作法による次のような論証(比量)をしたことに対する批判である。

主張(宗) 報身仏の身体(色)と心は無常である。

理由(因) 原因によって生ずるから。

例喩(喩) それ以外の(衆生の)身体や心のように。(『中辺義鏡』)

報身仏《ほうじんぶつ》とは、ブッダの身体を三種類に分類する**三身**《さんじん》(法身《ほっしん》・報身・応身《おうじん》)の一つで、修行の結果としてブッダが享受する身体のことをいう。徳一は、報身仏の身体や心は、修行という原因によって得られるものであるから、他の原因によって生ずるものと同様に常住ではないと主張する。それに対して最澄は、円教においては「**無作**《むさ》**の三身**」であると述べ、報身を含む三身は本来的に実在するものであり、何か人為的なはたらきなどによって生み出されたものではなく(無作)、徳一の言うような無常なものではない、と主張する。そのために、右の論証に対しては「数多くの過失がある」(『守護国界章』)と述べ、具体的には自教相違などの過失を指摘するのである。

この最澄が考案した「無作の三身」説は、後の日本天台宗において、本覚思想などの重要な思想を成立させるための概念として再解釈されていく点で重要であるが(大久保二〇二一)、ともかくここで最澄は、三支作法を用いた論証では、天台円教で扱われるような究極の真理(法性)には到達し得ないのだ、と主張しているのである。後の時代になるが、因明の著作もある天台宗の源信は、

> 法華円宗は直に真理を保持しているので、因明の論証・論破の言論を借りる必要はない。
> (蔵俊『唯量抄』)

と言ったという。ここにも最澄の考え方が継承されていると考えていいだろう。

このような最澄の考え方は、最澄が依拠していた法宝や、華厳宗の法蔵《ほうぞう》などに共通して見られる(吉田二〇一六)。たとえば、法宝の以下のような発言が引用という形で残されている。

> 因明は立論をし、証明をするための法である。たとえ過失がなかったとしても、真理にかなっているわけではない。したがって『大智度論』巻九十三には「阿羅漢の成仏は、(言葉の)意味をあれこれ論ずる者の知るところではなく、ただブッダのみが理解できる」と言っているのである。(源信『一乗要決』)

究極の真理は言葉で表現することはできないという考え方は、大乗仏教全般で共通するものであり、法相宗でもそれは共有されている。因明はあくまで言葉を使って何かを考えたり、コミュニケーションやプレゼンテーションをしたりするための(仏教的に言えば世俗諦《せぞくたい》の)技法であって、どんなに言葉を積み重ねても、それだけでブッダが悟った究極の真理に到達することはできない。

しかし、法相宗の人々にとって、因明はブッダによって説かれたものであった。なぜなら、ブッダこそが、言葉を用いて人々を教化していたからである。基は「因明を求めるのは、邪論を論破し、正道を確立するためである」という(『因明大疏』)。基にとって、因明は、自身の悟りを求めるとともに、人々を悟りへと導く大乗の精神(大心)を具現化したものであった。徳一もこの感覚を共有していたであろう。

先にも述べたように、玄奘によって因明が東アジアに紹介されると、多くの学僧や知識人によって関心が持たれ、研究が積み重ねられた。一方で、右の法宝の発言のように、因明に対する違和感を表明する者もいた。右の最澄の発言にも、こういった違和感が共有されている。

しかし、法宝や最澄の発言は、あくまで「言葉では究極の真理を表すことはできない」ということである。究極の真理に至る道程には、言葉で解決すべき無数の問題が横たわっている。仏道を歩む者は、最後には言葉を捨てるとしても、それまでは言葉を使って正確に教理を理解し、言葉を使って高僧と問答をし、言葉を使って誰かを説得しなければならない。問答で教理上の未解決問題を解こうとしていたこの時代の人々にとってはなおさらであろう。仮に最澄が、因明のことをまったく使えないものだと思っていたのだとすれば、これまで見てきたように最澄・徳一論争のなかで因明用語が繰り返し用いられることを説明することはできない。

最澄の後継者の一人である円珍《えんちん》(八一四〜八九一)は、次のように述べる。

因明の道理は、仏教外の人々(外道《げどう》)と対論するためのものである。多くは小乗にあって、別教(大乗)でも用いる。(『授決集』)

円珍もまた、因明を利他のための技法であると考えている。徳一は、当時「外道」扱いされていた天台宗の四教説に対して、因明を使って批判をした。最澄は、その徳一の指摘に対して、やはり(やや曲解しながらも)因明を用いて反論した。両者が目指す方向は異なっていたとしても、言葉と論理を用いてそれぞれが思う正しい方向に赴こう、人々を導こうという思いは共有していたのではないだろうか。

第五章　歴史を書くということ

1　創られる思想史

『佛性の研究』が描く仏教思想史

戦前の中国仏教研究を代表する**常盤大定**《ときわだいじょう》（一八七〇～一九四五）が一九三〇年に著した『**佛性の研究**』（丙午出版）は、最澄・徳一論争の研究者にとっては現在でもバイブルのような研究書である。

同書は、上篇「印度に於ける仏性問題」、中篇「支那に於ける仏性問題」、下篇「日本に於ける仏性問題」という三部構成になっている。上篇では、「一切衆生悉有仏性」と獅子吼《ししく》する『**涅槃経**《ねはんぎょう》』より筆を起こし、一乗を説く経論と、五姓各別説を説く唯識学派の『瑜伽師地論』や『成唯識論』などが対比される。中篇は中国仏教であり、竺道生《じくどうしょう》（三五五？～四三四）、天台大師智顗《ちぎ》、三論宗を開いた吉蔵《きちぞう》、唐代の霊潤《りょうにん》、義栄《ぎえい》、法宝《ほうぼう》、法蔵《ほうぞう》といった**一切皆成**論者と、玄奘門下の神泰《じんたい》、基《き》、慧沼《えしょう》といった**一分不成仏**説を主張する人々の説が対比される。そして下篇では、最澄・徳一論争、三論宗の玄叡《げんえい》や円宗《えんしゅう》、源信『一乗要決』といった平安時代の学僧の説、そして江戸時代の法相宗・基弁《きべん》(一七二二〜一七九一)までもがとりあげられる。生きとし生けるものに仏性はあるのか、ないのか。すべての人々はブッダになれるのか、なれないのか。こういった思想的対立を、インドの大乗仏教から江戸時代の日本に至るまで叙述しようと試みた、きわめてスケールの大きな研究である。

このような長大な対立の歴史——常盤の言葉を借りれば「三国仏性論諍」の歴史——の肝要は、「天台を以て代表せらるゝ一乗家と、唯識を以て代表せらるゝ三乗家」とのあいだでの「論難往復」であり、なかでも最澄・徳一論争がその「最高潮」である、と常盤は述べている。このような内容を持つ同書が、最澄・徳一論争の研究者にとってバイブルとなる理由も察していただけるだろう。

しかし、いざ『佛性の研究』を読み始め、また最澄や徳一が書いたものを読み進めていくと、常盤の歴史観に対する違和感が首をもたげてくる。常盤は「天台を以て代表せらるゝ一乗家と、唯識を以て代表せらるゝ三乗家」の対立だと言うが、後者はともかく、前者の「天台」が「代表」と言われるほどの存在感は、『佛性の研究』を読んでも、最澄・徳一論争の文献を読んでも、感じられないからである。

同書が「最高潮」と言うように、最澄・徳一それぞれの仏性に関する主張は、『守護国界章』

などの文献から引用され、その解説に多くのページが費やされている。その意味では、同書において、天台宗の最澄が「一乗家」の代表とみなされていることは間違いない。前章で見たように、たしかに徳一は天台教学を批判している。しかし、それに対する最澄の応答は、もちろん天台教学によって反論することもあるが、それにも増して義寂《ぎじゃく》、定賓《じょうびん》、法蔵、法宝など、天台宗以外の学僧の著作——その多くは、大安寺で学ばれていたものと重なる——に依拠している。そして、

まさに（次のように）知るべきである。竺道生・吉蔵・霊潤・法宝・法蔵・慧苑・定賓・澄観、法相宗義寂・義一・良賁ら、新羅国の元暁法師、大日本国の上宮聖徳王は、一乗の真実の教えにもとづいており……。（『決権実論』）

などと述べるのである（傍線を引いたのは『佛性の研究』でとりあげられる学僧）。ここにあげられているなかに天台宗の人はいない。最澄・徳一論争のテクストを読む限り、そこで展開されている議論は「天台」＝一乗 vs.「唯識」（法相宗）＝三乗という単純な対立ではなく、当時の三論宗・法相宗の対立などを背景に持った多様で複雑な思想的対立をいくつも抱え込むものだった、ということは、すでに繰り返し述べてきたことである。

興味深いことであるが、著者である常盤自身が「天台」対「唯識」という二項対立で概括しているにもかかわらず、そもそも『佛性の研究』のなかでは、最澄を除くと「天台」に関する

記述はきわめて小さく、中篇・第四章「隋の天台大師智顗の三因仏性説」だけしかない。しかもこの章は、全体で五九〇ページあるうちの、わずか六ページしかないのである。常盤はなぜ、このような仏教思想史の叙述をしながら、それと矛盾するような二項対立的な概括を行ったのだろうか。

「三国」の持つ意味

実はこの『佛性の研究』による「三国仏性論諍」という思想史の叙述は、最澄が書いた『法《ほっ》華《け》輔照《ぶしょう》』に見られる仏性論争史を下敷きにしている。『法華輔照』は現在、『法華秀句』中巻として現存しているが、もともとは別の文献であったと考えられている(ただし、九世紀後半の天台僧・安然は同一視していたようである)。執筆時期で言えば、『法華秀句』が最澄・徳一論争の最終盤、つまり最澄が亡くなる直前の著作であるのに対して、『法華輔照』は『守護国界章』よりも前ではないかとも言われている(浅田一九八五)。

少し前の延暦七年(七八八)には、日本最初の僧伝と言われる『延暦僧録』が思託(第一章)によって書かれ、同時代の弘仁年間(八一〇〜八二四)には、薬師寺の景戒《きょうかい》による『日《に》本霊異記《ほんりょういき》』が書かれるなど、このころは(広義の)仏教史の叙述によって、著者の仏教観、歴史観の表現が行われている。『法華輔照』も、こういった活動の一つと位置づけられよう。

『法華輔照』は、冒頭で、

仏性(の有無についての論争で、どちらが正しいか)を選び取ることで、(仏教の)喉元を護《まも》る。最初に天竺《インド》における仏性論争を明らかにし、次に大唐における仏性論争を示し、最後に日本における仏性論争について弁ずる。(『法華輔照』)

と述べ、「天竺仏性諍」「大唐仏性諍」「日本仏性諍」の三部構成で仏性論争史を叙述しよう、と言う。まさに『佛性の研究』の構成である。ただし、現行の『法華秀句』中巻に挿入された『法華輔照』では、「大唐仏性諍」はやや唐突に終わってしまい、「日本仏性諍」についての記述は存在しない。残念ながら何らかの理由で失われた後半部には、最澄・徳一論争以前の日本における仏性論争なども書かれていたと思われる。薗田香融は「見方によれば、『守護国界章』以下の論争書のすべてをこれに宛てることもできよう」と述べているが(薗田一九七四)、そのような見方も可能であろう。最澄の意識のなかでは、『法華輔照』を書くことで、現在進行形で戦っている徳一との論争をインド・中国における仏性論争の延長線上に位置づけようという意図があったと思われる。

『法華輔照』と『佛性の研究』の構成を対比しておこう(次ページ)。『法華輔照』のほうが空白が多いようにも見えるが、実際には「大唐仏性諍」のなかで霊潤らが教証として用いているのが『涅槃経』『大般若経』『華厳経』『勝鬘経《しょうまんぎょう》』『楞伽経《りょうがきょう》』『顕揚聖教論』『大乗荘厳経論』な

『法華輔照』	『佛性の研究』
「天竺仏性諍」	**上篇「印度に於ける仏性問題」**
	『涅槃経』
	『大般若経』『華厳経』『勝鬘経』
	『楞伽経』
『瑜伽師地論』	『瑜伽師地論』
	『顕揚聖教論』『大乗荘厳経論』
『仏性論』	『仏性論』
『究竟一乗宝性論』	――――――
	『成唯識論』
	『仏地経論』
「大唐仏性諍」	**中篇「支那に於ける仏性問題」**
竺道生・智勝	竺道生
	六朝の仏性説
	浄影寺慧遠
	智顗
	吉蔵
霊潤	霊潤
神泰	神泰
義栄	義栄
	基
	法宝
	慧沼
	法蔵
「日本仏性諍」	**下篇「日本に於ける仏性問題」**
(なし)	徳一
	最澄
	玄叡
	元興寺宗(円宗)
	源信
	親円
	基弁

どの経論であるので、それほど大きな差があるわけではない。

このように『法華輔照』では、インド・中国・日本にわたる仏教史を叙述している。『佛性の研究』では、これを「三国仏性論諍」とよぶが、「三国」という用語は日本仏教において特別な意味を持つので、注意が必要である。インド・中国・日本を「三国」として中央アジアや朝鮮半島を排除し、この「三国」にわたる途切れることのない師資相承によって仏教が日本に伝来してきたと考える、いわゆる三国**史観**は、平安時代末期から中世にかけて発達した日本仏教の正統性を主張するための言説である。このような歴史観は、平安時代初期の最澄においてはまだそれほど明確ではないが、たとえば『内証仏法相承血脈譜』の序文では、次のように述べている。

そもそも仏法の源は、インドの中央(中天)から出て、大唐を通過し、日本へと流れてきた。天竺《インド》における法の伝承(付法)は、すでに経典や伝記に(記事が)ある。震旦《チーナスターナ》における相承についても、血脈が造られている。我が叡山の伝法については、まだ師から師への系譜が存在しない。謹んで三国の相承を編纂し、一家の後葉(後代の人々)に示したい。云爾《しかいう》。
(『内証仏法相承血脈譜』)

ここには、インドで釈迦が仏教を開いてから、師から弟子へ、さらにその弟子へ……という教えの継承、連鎖が文書によって裏づけられており、したがって自身の学んだ仏教こそが釈迦の教えを誤りなく伝えるものなのだ、という最澄の考えが見えている。最澄が徳一に対して「汝がインドから仏法を伝えた玄奘の系統であるならば、古記のなかにある文章を示せ」という言い方で批判しようとしたのも(第一章参照)、このような考え方の裏返しと言えよう。

この考え方は、別の言葉で言えば、誰かの言明が釈迦の真意と一致しているかどうかは、文書で残された歴史資料によって裏づけられる、ということである。前章で見たように、最澄は、徳一が主張する立敵共許《りゅうじゃくぐうご》という因明のルールに対して、「他の宗では認められている」という世《せ》間共許《けんぐうご》によって対抗しようとしていた。そしてその裏づけとして、最澄は、天台宗の教えが仏教界で承認されていることを『依憑天台集』という引用集によって示そうとしていた。これもまた文書によるエビデンスによって正当性を確保しようという考え方であろう。

時代は下がって鎌倉時代、第四章でもふれたように、法然（一一三三～一二一二）が主張した専修念仏に対して、興福寺による批判が出された（『興福寺奏状』）。そこに見られるロジックには、最澄が徳一を批判する際に用いた①三国にわたる師資相承があること、②教えが公認されていること、という二つが含まれており、興味深い。

そもそも仏法東漸の後、我が国には八宗があった。あるいは異域の神人が来たって伝授し、あるいは本朝の高僧が（中国に）行き、教えを請うたのである。……（法然は、法相宗を伝えた）百済《くだら》の智鳳《ちほう》や（律・天台を伝えた）大唐の鑑真のように、千代の規範と称えられているのか。どうして（真言宗を伝えた）高野山の弘法大師（空海）や（天台宗を伝えた）比叡山の伝教大師（最澄）と同様、万葉の昌栄《しょうえい》があるというのか。もし〝（浄土教は）古より相承されてきたものであって、今に始まったものではない〟というのであれば、聖哲の誰に会って直接、口《く》決《けつ》を面受したというのか。一体どのような内なる悟り（内証）が教誡され示導されたというか。たとえ（法然の専修念仏に）功徳があるとしても、公家に奏上し勅許を待たなければならない。個人で一宗を号することは甚だ不当である。（『興福寺奏状』）

このように、最澄が主張した手法は、その後も日本仏教において継承され、皮肉にも比叡山出身の法然を弾圧するロジックとして採用されたのである。

最澄の叙述する仏性論争史①　「小乗」における論争

では、最澄が描くインドの仏性論争とはどのようなものか。先に「天竺仏性諍」の構成を図示すれば、以下のようになる。

	小乗仏性諍	大乗仏性諍
悉有仏性	分別部	『仏性論』『究竟一乗宝性論』
	↗批判	↖批判
一分無仏性	説一切有部（『瑜伽師地論』）	

『法華輔照』では、インドの仏性論争を大きく「小乗仏性諍」「大乗仏性諍」に二分している。

> 最初に天竺《インド》の仏性論争を明らかにすれば、先に小乗における論争を明らかにし、次に大乗における論争を説明する。（『法華輔照』）

このうち「小乗仏性諍」は、部派仏教における**分別部**《ふんべつぶ》と**説一切有部**《せついっさいうぶ》の論争だとされる。読者のなかには、「一切衆生悉有仏性」という説は大乗仏教の説なのではないか、なぜ「小乗」で仏性の有無が争われるのだ、と疑問に思われる方がおられるかもしれない。「はじめに」でも述べた通り、大乗以前からある主流派（部派）においてブッダになることは想定されておらず、したがってブッダになるための素質＝仏性の有無についても部派仏教で議論されることはなかったからである。

では、分別部が「一切衆生には仏性がある」という主張をした、というのは何が根拠となるのか。それは、彼らが主張したとされる**心性本浄説**《しんしょうほんじょうせつ》である。これは、心は本来清らかであり、煩悩という外部からの汚れ（**客塵煩悩**《きゃくじんぼんのう》）が付着しているだけなので、その汚れを落とせば解脱できるのだ、という考え方である。これは、大乗以前の経典にすでに見出される。

> 比丘たちよ、この心は明るく輝いている。ただ、一時的な汚れ（客塵煩悩）によって汚れている。そのことを、まだ教えを聞いたことのない凡夫たちは如実に知らない。だから、か

れらには心の修練がないと私は説くのである。
比丘たちよ、この心は明るく輝いている。そして、一時的な汚れから離れている。教えを聞いた聖なる弟子たちは如実に知っている。だから、かれらは心の修練を積んでいると言うのである。(高崎一九八二)

ここで言う「心は明るく輝いている」、すなわち清浄であるというのは、**白紙のような状態**《タブラ・ラサ》である、空っぽである、といった意味であって、悟りの原因となるような積極的な機能があるとは考えられていない。しかし、大乗仏教においては、この空っぽな「明るく輝く心」が空の思想と結びつけられ、悟りの原因となる仏性(唯識派で言えば無漏種子)に相当するものへと発展的に解釈されたのである(『成唯識論』など)。

「小乗仏性諍」を説明するのに『法華輔照』が実際に引用するのは、『**瑜伽師地論**』における「ある者」の主張をめぐる問答(および『瑜伽師地論』の注釈書である新羅の遁倫《とりん》『瑜伽論記』の解説)である。『瑜伽師地論』全百巻は唯識派の文献であるが、「声聞地」「独覚地」「菩薩地」といった章があることからもわかるように、三乗全体にわたる思想と実践の説明がなされている。この問答は、『瑜伽師地論』第六十七巻・摂決択分《しょうけっちゃくぶん》・声聞地之一からの引用であることから、声聞乗における議論を紹介するものである。この問答とほとんど同じものが天親《ヴァスバンドゥ》(世親)『**仏性論**』にも見え、そこでは一切衆生に仏性があると主張する分別部と、一部の衆生には仏性がないと主張する説一切有部との対論であるとされている。分別部を批判する説一切有部の主張は、最澄によってそのまま『瑜伽師地論』そのものの主張とされ、「大乗仏性諍」における批判対象となる。

分別部と説一切有部の対論は、五問五答からなる。ここでは第三の問答を見てみよう。まずは分別部とされる「ある者」の質問である。

またある者が批判して言う。「たとえば刹帝利《クシャトリヤ》（武士）になって後、（転生して）ある時に婆羅門《ブラーフマナ》（司祭者）や吠舎《ヴァイシャ》（商人）、戍陀羅《シュードラ》（奴隷）となり、戍陀羅《シュードラ》などになった後に、ある時に（再び）刹帝利《クシャトリヤ》などになったりする。また那落迦《ナーラカ》（地獄の衆生）になって後、（転生して）ある時に天人などになり、天人になって後にある時にまた那落迦《ナーラカ》となったりする。（輪廻転生は）このようであるのに、なぜ無般涅槃法《むはつねはんほう》（般涅槃をしないことを属性とする者）になって後に、（転生して）ある時に有般涅槃法《うはつねはんほう》（般涅槃することを属性とする者）になることはない、というのか」と。（『瑜伽師地論』）

バラモン（ブラーフマナ）、クシャトリヤ、ヴァイシャ、シュードラというのは、インドのいわゆるカースト制でいわれる四つの姓《ヴァルナ》である。また、ナーラカや天人というのは、地獄、餓鬼、畜生、人、天という五つの生存領域――よく知られた言葉で言えば五道（阿修羅を足せば六道）に生きる衆生のことである。つまり衆生は、輪廻転生をするなかで、このようにまったく異なる属性を持ったものに生まれ変わる。そうであるならば、悟りを開く能力を欠く衆生であっても、悟りを開く能力を有する衆生として生まれ変わることがあるのではないか？というのが分別部の質問である。

それに対する説一切有部の反論は以下のようなものである。

汝は、刹帝利《クシャトリヤ》ないし戍陀羅《シュードラ》（といった四姓）、那落迦《ナーラカ》ないし天人（といった五道の衆生）が、あらゆる（種類の衆生になるための）原因となるもの（界）を有していると考えているのか、それともただ一種類の（衆生になるための）原因となるもの（界）のみ有していると考えているのか。
もし、あらゆる（種類の衆生になるための）原因となるもの（界）を有しているのであれば、（有般涅槃法と無般涅槃法は同時に有することはできないので）譬えとしてふさわしくなく、道理にあわない。
もし、ただ一種類の（衆生になるための）原因となるもの（界）のみ有しているのであれば、刹帝利《クシャトリヤ》になってから、ある時に戍陀羅《シュードラ》などになったり、那落迦《ナーラカ》になってから、ある時に天人になったりするのは、道理にあわない。（『瑜伽師地論』）

この反論は明確であろう。仏教では因果関係を重視するので、何かに生まれ変わる（という結果を得る）ためには、その原因が必要である。ここではその原因のことを**界**《ダートゥ》と言っている。ダートゥは、原理、基体、構成要素、本質、原因、さらには遺骨なども表す非常に多義的な言葉であり、仏性の「性」も原語はダートゥである。前章で述べた種姓《ゴートラ》などと共通する概念である。仏性《ブッダ・ダートゥ》とは、ブッダになるための原因、素質といった意味になる。ここで説一切有部は、〝無般涅槃法もいずれ有般涅槃法に生まれ変わることがあるのではないか？〟という分別部の質問を、〝無般涅槃法になるための界《ダートゥ》＝原因を有している衆生は、有般涅槃法になるための界《ダートゥ》も有しているのではないか？〟と読みかえている。そして、排他的な関係にある無般涅槃法になるための界《ダートゥ》と有般涅槃法になるための界《ダートゥ》を同時に所有するのは矛盾となるので、無般涅槃法の衆生が有般涅槃法になるための界《ダートゥ》、つまり仏性などの素質を有することはない、と反論しているのである。このような具合に「小乗仏性諍」の五問五答が展開される。

最澄の叙述する仏性論争史②　大乗における論争

次に「大乗仏性諍」を見てみよう。ここでは、この説一切有部の主張が、そのまま『瑜伽師地論』の主張とされる。つまり、仏教的な素質のない無般涅槃法の存在を認める説一切有部の説が、『瑜伽師地論』などに説かれる五姓各別説であるとされるのである。唯識派の重要文献である『瑜伽師地論』の立場を批判することによって、暗に法相宗を批判していることは言うまでもない。『瑜伽師地論』は、大乗仏教の論書であるにもかかわらず、部派仏教の立場に立った「**施権大乗**《せごんだいじょう》」――仮の教え（権）を提供する大乗仏教――と言われることになる。「権大乗《ごんだいじょう》」

という言い方は、その後、法相宗をネガティブに評する言い方として定着していく。
分別部と説一切有部のあいだの五問五答は、そのまま天親《ヴァスバンドゥ》『仏性論』で引用され、説一切有部＝『瑜伽師地論』の説が批判されている。『仏性論』の作者とされる天親《ヴァスバンドゥ》は、唯識思想を確立した世親《せしん》のことであるが、現在では『仏性論』が世親の著作であることには疑問が持たれている。しかし、最澄は、法相宗の祖である世親＝天親もまた一切皆成仏説を説いているのだ、と主張しているのである。

最澄はこの『仏性論』と、その注釈書である慧讃『仏性論疏』を引用して『瑜伽師地論』を批判している。先ほどの第三問答に対する『仏性論』の批判は次のようなものである。

質問する。汝は「衆生には仏性がないものがいる」と言うが、刹底利《クシャトリヤ》は(婆羅門・刹底利・吠舎・戍陀羅になるための)四つの素質(性)や、地獄・人・天など(になるための)素質(性)をすべて備えているのか、いないのか。

もし備えていないのであれば、人は常に人にしか(生まれ変わらない、といったことが起き)、決して様々な種類の衆生に生まれ変わることがない。

もしすべて備えているというのであれば、経と矛盾する。経には「如来は(衆生の)素質を知る力によって、よくない(ところに生まれ変わったり)、すばらしい(ところに生まれ変わったりする)原因となるもの(界)を知ることができる」とある。衆生の素質が平等であることについては、(この)経は証明しない。

また、もし汝が「衆生には永遠に般涅槃をしない者がいる」と言うのであれば、そうではない。人がまず刹底利《クシャトリヤ》になって、後に婆羅門《ブラーフマナ》になるように、人であれ天であれ、(般涅槃をしないとは)決定していないからである。

もし汝が「(般涅槃をしない衆生は、他の衆生に生まれ変わる性質を)すべて備えていない」と言うのであれば、(衆生が五道を輪廻するという)前例と矛盾する。それはなぜか。誰も(すべての性を)備えていないことになるからである。汝が「仏性のない衆生は、永遠にブッダになることができない」と言うのであれば、人にも天になるための素質がない者がいて、永遠に天(に生まれ変わる)という果報がないことになる。(しかし、実際には、天に生まれ変われない衆生はいない。)もし天になるための素質がなくても天という果報が得られるならば、仏性がない衆生も涅槃を得ることができるはずである。(『仏性論』)

ここで『仏性論』は、分別部＝悉有仏性論者を擁護するために、説一切有部が用いた論法を逆手に取っている。先に見たように、説一切有部は、分別部を批判するために、「衆生には、地獄の住人や天人など、あらゆるタイプの衆生になることができる能力(性、界)が備わっているのか、それとも一部の能力しか持っていないのか」という問いを立てている。この問いが成立するためには、この能力は固定的なものであって、ある時には存在するが、別の時にはなくなる、といったものではない、という前提が隠れている。そうでなければ、備わっているのか？という問いにはならない。

『仏性論』は、この前提を利用する。衆生が何にでもなれる能力を備えていると仮定すれば、仏性も備えていることになるので、説一切有部は自己矛盾に陥る。何にでもなれる能力を備えていないのであれば、あるタイプの衆生には生まれ変われない衆生がいることになるが、実際には(前例にあるように)生まれ変わっている。ということは、能力が備わっているのか、備わっていないのか、という問いの立て方自体が間違っているのであり、衆生の能力は固定的ではないのだ、ということになる。相手が前提としていることから出発して、矛盾に導くことで相手の主張を無効にしようという『仏性論』の論法は、帰謬法《きびゅうほう》の一種であり、仏教ではプラサンガとよばれ、しばしば用いられる。

『仏性論』では、このような具合に、説一切有部＝『瑜伽師地論』の説が批判されていく。そして最澄は『仏性論』を一通り引用し、『仏性論』と内容の重なる堅慧《サーラマティ》の『**究竟一乗宝性論**《くきょういちじょうほうしょうろん》』をその裏づけとして引用し終わると、「天竺仏性諍」を次のようにまとめている。

> (『仏性論』を書いた天親と『究竟一乗宝性論』を書いた堅慧という)天竺《インド》の二人の偉大なる菩薩論師は、仏説に従い、一乗を究め……生きとし生けるものは皆、仏性を有し(一切衆生悉有仏性)、皆ブッダになる(と説いた)。天竺《インド》の論師たちは、この二論を批判しなかった。まさ

に知るべきである。天竺《インド》における正しい教義(正義)は〝悉有仏性〟なのだと。(『法華輔照』)

ここからわかるように、最澄は分別部(心性本浄説)→説一切有部＝『瑜伽師地論』→『仏性論』『究竟一乗宝性論』という議論の流れを、時系列に沿った流れとして捉えている。『仏性論』『究竟一乗宝性論』がインドにおける仏性論争の最終局面であり、それ以降の議論はないので「天竺《インド》における正しい教義(正義)は〝悉有仏性〟なのだ」と結論づけているのである。それはあたかも、法相宗の三時教判における第三時、天台宗の五時(五味)教判における法華涅槃時が、究極の教えとされているのと似ている。最澄は、仏性論争史を叙述することで、自身の主張する一切皆成仏説こそが真実であると示そうとしているのである。

「可視化」される思想史

ところで、インド仏教思想史に詳しい方なら、この『仏性論』や『究竟一乗宝性論』という典籍名を見て、**如来蔵《にょらいぞう》思想**を思い出したかもしれない。『如来蔵経』という如来蔵思想を代表する経典で言われる「一切有情は如来蔵である」という宣言は、「すべての衆生は如来の胎児である」「すべての衆生は如来の血筋(胎から胎児に継承される本質)を有する」といった意味であり(斎藤二〇一九)、『究竟一乗宝性論』はこれを解説する如来蔵思想を代表する文献である。如来蔵思想は、先に見た「心性本浄、客塵煩悩」説を一つの起源とし、『涅槃経』の「一切衆生悉有仏性」説などと関連しながら、『究竟一乗宝性論』で学説として確立したと言われている。『仏性論』は『究竟一乗宝性論』を下敷きにしているから、中国でできた可能性が高いとしても、如来蔵思想の文献と言うことができるだろう。

このように紹介すると、最澄が分別部の「心性本浄」説から『仏性論』『究竟一乗宝性論』の流れを叙述したように、また常盤大定が「一乗家」の流れを『涅槃経』や『仏性論』で叙述したように、あたかも如来蔵思想を説く系譜がインドにあったように思われるだろう。しかし、事態はそれほど単純ではない。

空有の論争を述べるところでも少し触れたが、一般的にインドの大乗仏教において学派とみなされているのは中観派と瑜伽行派(唯識派)であって、「如来蔵派」のようなグループあるいは学説が独立して存在すると考えられていたわけではない。如来蔵思想を、大乗仏教中の一学説として初めて明確に位置づけたのは、中国華厳宗の法蔵《ほうぞう》とされる。法蔵は様々な教相判釈を立てるが、そのなかの一つに次のような四つの「宗」で分類するものがある。

①随相法執宗《ずいそうほうしゅうしゅう》……「小乗」とされる部派仏教。
②真空無相宗……般若経典、龍樹『中論』など。
③唯識法相宗……『解深密経』『瑜伽師地論』など。
④如来蔵縁起宗……『楞伽経』『大乗密厳経』『大乗起信論』『究竟一乗宝性論』など。

ここに見える「如来蔵縁起宗」——法蔵は自身の立場をこれに当てている——が、如来蔵思想という系譜がインドにあったのではないか、というアイデアの一つの源泉となっている。しかし、これはあくまで法蔵が漢訳経論の内容に基づき、自身の立場の正統化のために分類したものであって、インド仏教の実態を記述しようとしたものではない。如来蔵思想という研究領域を開拓した高崎直道《たかさきじきどう》自身が、「残念なことに、如来蔵説は、学説の系譜はたどれても、その主唱者の人脈はまったく知られない」(高崎一九八二)と言っており、この点を捉えて下田正弘が「如来蔵思想の歴史じたいが研究によって初めて可視化されるものであり、如来蔵思想史とその研究史の両者は不可分の関係にある」(下田二〇一四)という重要な指摘をしている。

第二章でも述べたように、最澄は早くから法蔵の著作を学んでいる。「天竺仏性諍」の歴史叙述は、法蔵が自身の立場の正統化のために「如来蔵縁起宗」を見出したように、また現代の研究者が如来蔵思想の「歴史」を「可視化」したように、最澄によって見出され「可視化」されたものなのである。それは、現代人の視点から見れば〝捏造〟のようにも見えるかもしれない。しかし、前近代の宗教者による歴史叙述をそのように非難することで、歴史を書くという行為が持っていた実践性を見落とすことになる(最澄の枠組みを批判することなく、そのまま拡張した『佛性の研究』は、本書が試みているように、近代的な研究として批判的検討の対象とされるべきであろう)。こういった歴史を書くこと自体が、最澄の思想の表現だったのである。

2　偶然から必然へ

最澄の叙述する仏性論争史③　中国

次に、「大唐仏性諍」を見てみよう。これはさらに「古説」と「新義」に分類される。「古説」として紹介されるのは、現在は失われた唐・大安国寺の献誠《けんじょう》（八世紀）の『涅槃玄談』に載っていたという鳩摩羅什《クマーラジーヴァ》門下の**竺道生**《じくどうしょう》（三五五？〜四三四）と**智勝**（生没年不詳）の論争である。「悟りを開く能力を欠く者」を意味するとされる**一闡提**《いっせんだい》はブッダになることができない、と主張する智勝に対して、竺道生は『涅槃経』を読む前から〝生きとし生けるものには仏性がある〟と喝破し、一闡提にも仏性はあると主張していた、というエピソードが紹介される。そして、最後に以下のように締めくくられる。

まさに知るべし、唐国の仏性論争は、竺道生と智勝が、最初の立論者と対論者（立敵）になった、ということを。その時は、一切衆生悉有仏性を立論した竺道生が終始、勝利し、一闡提を立論した智勝は、最初から最後まで議論に負けた（堕負）のである。（『法華輔照』）

この「古説」の記述は短いものであるが、二つの点で重要である。一つは『涅槃経』の翻訳が、中国における仏性論争の起点とされている点。もう一つは、空有の論争という最澄・徳一

を取り巻いていたコンテクストとの関係である。第二章で述べたように、空有の論争に関して書かれた『掌珍量噵《しょうちんりょうどう》』では、

鳩摩羅什は(一切衆生が)すべて仏性を持っている、という教学を立てなかった。今(我が国の)三論宗の諸師は、誰の説を受けて、すべてが仏性を持っている、という教学を立てているのか。(『掌珍量噵』)

と述べて、鳩摩羅什の翻訳した『中論』などに依拠する三論宗を批判しているからである。ここで鳩摩羅什の弟子である竺道生が『涅槃経』を読む以前から〝一切衆生悉有仏性〟を主張したと述べることで、鳩摩羅什もまた同じ思想を持っていたことを示唆することになる(歴史的にどうであったかは別にして)。これは、『掌珍量噵』のような三論宗批判の言説に対する対抗《カウンター》言説となり得たであろう。

さて、次に「新義」としてとりあげられるのは、霊潤《りょうにん》、神泰《じんたい》、義栄《ぎえい》の著作である。ここにも天台宗の人物は含まれていない。「新義」の構成を示せば、次の通りである。

悉有仏性　霊潤「一巻章」　　義栄「章」

↗批判　　↖批判

一分無仏性　神泰「一巻章」

霊潤《りょうにん》（五八〇〜六六七頃）は、唐初期に活躍した学僧である。玄奘以前に漢訳された文献（**旧訳**《くやく》）に基づいて唯識思想などを研究しており、長安の仏教界で高い評価を受けていたという（倉本二〇二〇）。興味深いことに、徳一は霊潤のことを「**三論宗の人**」だと考えていたようである（徳一『法相了義灯』逸文）。徳一がどのような根拠をもって霊潤＝三論宗説を唱えたのかはわからないが、最澄・徳一論争が三論宗・法相宗の対立の延長線上にあることをふまえれば、最澄が肯定的に引用する学僧が、徳一には三論宗に見えたのかもしれない。

仏性論争の文脈では、霊潤は、玄奘のもたらした唯識派の漢訳文献（**新訳**と言われる）に見られる一**分不成仏説**に対して、玄奘以前の旧訳の経論に基づき「一切衆生がブッダになれる」という一**切皆成仏説**の立場から最初に本格的な批判をしたとされる人物としても知られている。その根拠となるのが、『法華輔照』に引用される「一巻章」である。「一巻章」は、十四の点で、玄奘の新訳経論とそれ以前の経論との違いを列挙しているが、その第一が仏性論争に関するものである。

第一に（玄奘訳の文献では）一部に仏性のない衆生が存在すると立論しているが、これは凡夫・小乗の不十分な教義（不了義）に執着しているのである。如来の秘蔵である大乗の妙典を聞かず信じないために、このような執着をしているのである。（『法華輔照』）

この後、『華厳経』『涅槃経』『究竟一乗宝性論』『仏性論』といった経文が、長々と教証として引用されるが、ここでは省略する。

この霊潤の玄奘訳批判に対して、一分不成仏説により反論したのが**神泰**《じんたい》(七世紀)である。鎌倉時代の文献(宗性《そうしょう》『弥勒如来感応抄』)によれば弥勒信仰があった人とされるが、その事績はほとんど不明である。神泰の「一巻章」もまた現存せず、最澄の引用でしか知ることができないが、霊潤の「一巻章」を引用しながら、次のような書き出しで批判を展開する。

憐れみ諭《さと》して言おう、その理屈は間違っていると。汝の言っていることは、諸仏・菩薩は凡夫・小乗であると誹謗し傷つけるようなものである。……一部の衆生に仏性がないというのは、ブッダが『涅槃経』『菩薩善戒経』で自ら説法されたことである。弥《マイ》勒《トレーヤ》菩薩もまた『大乗荘厳経論』や『菩薩地持経』、『瑜伽師地論』などで、このことを説いている。無著《アサンガ》菩薩も『顕揚聖教論』でこのことを説いている。汝が「凡夫・小乗はこの説に執着している」と言うのは、仏・菩薩を呵責し、傷つけていることにならないだろうか。(『法華輔照』)

神泰の批判は明確である。旧訳の『涅槃経』には一闡提が成仏しないと説かれているし、『瑜伽師地論』の旧訳版である『菩薩地持経』や『菩薩善戒経』にも五姓各別説が説かれている。これら旧訳の経論も、玄奘が訳した文献も、いずれもブッダや、それに準ずる高位の菩薩によって説かれたものであり、それを霊潤のように「凡夫・小乗の執着」と断ずることは、かえって謗法にあたるのではないか、というのが批判の趣旨である。

この神泰の批判を引用し、一切皆成仏説の立場から再批判したのが**義栄**《ぎえい》（生没年不詳）の「章」である。義栄は新羅の人とされているが、やはりどのような人物であったかはわからない。義栄は神泰を引用して、次のように批判を開始する。

直筆して言おう。『涅槃経』には「我（釈迦）が滅度して後、人々は論争をするだろう。ある者は〝衆生は皆、仏性を有する〟と言い、ある者は〝衆生は皆、（仏性を）有するわけではない〟と言うだろう」と説かれている。今、（霊潤）禅師と神泰大徳が互いに論争しているのは、まさに如来の金口により予言されたことである。およそ聞かれていること（霊潤と神泰の論争）について、どうして激しく怪しんだりしようか。ただ、異なる（考えの者）が同じ（考え）になるのは、仏法が興隆する兆しである。同じ（考えの者）が異なる（考え）になるのは、仏法が滅尽する兆しである。……苦しいことだ、苦しいことだ。どれほどの痛みであれば、これ（苦しみ）と同じだろうか。

……（神泰が言う）「一部の衆生に仏性がないというのは、ブッダが『涅槃経』で自ら説法されたことである」というのは、ひとえに謗法の言葉である。……『菩薩善戒経』は、確かな知識の根拠（量）とするには足りない。なぜかと言えば、三乗に対して別々に説かれた教えとして解釈されるものだからである。

……〝一部（の衆生）には仏性がないというのは、旧訳の経でも説かれている〟というのは、まったくその通りである。……ただし〝仏性がない衆生がいるということが真実である〟というのは、玄奘が西遊してより、おかしな風が扇がれるようになったのである。護法の心がある者のなかで、誰が慷慨《こうがい》（社会の不正義を嘆くこと）をしないだろうか。（『法華輔照』）

義栄は、旧訳にも一分無仏性説が説かれていることを認めたうえで、それはブッダの真意ではない、と解釈を展開し、霊潤を擁護しようと試みている。

義栄「章」の引用が終わると、最澄による総括も何もなく、唐突に『法華輔照』は終わってしまう。また、本来であればこの後に「日本仏性諍」が続くはずであるが、それもない。ただ、「天竺仏性諍」が「天竺《インド》における正しい教義（正義）は〝悉有仏性〟なのだ」と結論して終わったように、「大唐仏性諍」もまた、義栄のような〝悉有仏性〟を正義とする人が最後に紹介されて、締めくくられたのではないかと思われる。

予言されていた論争

繰り返し述べているように、一乗説＝悉有仏性説＝一切皆成仏説も、三乗説＝五姓各別説＝一分不成仏説も、どちらもブッダや菩薩によって説かれたものであり、どちらが正しいかは解釈によって決まってくる。こういった論争においては、いかにして相手より説得力のある解釈を提示するか、という、まさに教相判釈的思考が繰り広げられる。霊潤も神泰も義栄も、〃自身が正しいと信じる経論こそがブッダの真意を説くものであり、相手が信奉している経論は、何らかの意図によって真意を説いていないものなのである〃と論証するべく、より説得力のある経論の解釈に腐心している。最澄が〃インドでは『仏性論』に対する反論がなかったから、『仏性論』の説が正しい〃と言うのは、そういった説得力を増そうとする試みの一つである。

しかし、最後の義栄による神泰の批判は、教相判釈的思考とは少し異なる、一つ次元が上の視点からの発言をしている点で注目される。右の引用の傍線部に注目して欲しい。生きとし生けるものに仏性があるか、ないか、という論争が起きるのは、『涅槃経』のなかでブッダが予言していたことだと義栄は言う。そして、その予言が成就してしまい、仏法（義栄にとっては悉有仏性説）を謗る者が現れ、論争が起きている状況を「苦しいことだ、苦しいことだ（苦哉苦哉）」と嘆いているのである。このような見方は、最澄・徳一論争で大きくとりあげられる法宝も共有していたという（小野嶋二〇一五）。義栄は、どちらの説が正しいかを争う論争当事者としての視点とともに、論争全体を俯瞰するメタな視点も持っており、論争が起きてしまったこと自体を嘆いているのである。

この義栄の「章」などに依拠しながら「大唐仏性諍」を叙述しようとした最澄の意図はどの

ようなものであったろうか。最澄によれば、インドの仏性論争においては、『仏性論』『究竟一乗宝性論』によって最終決着がついたはずだった。しかし、玄奘によって新訳経論がもたらされたことにより、唐において論争が再燃することになった。インドにおける仏性論争も、唐における仏性論争も、『涅槃経』の予言が成就したものである、と思われたであろう。そして、この論争史をまとめている最澄自身が、徳一との論争を行っている。謗法者である徳一と論争をすることで、徳一は謗法の罪によって地獄に堕ちるだろう、と最澄は述べている(第三章参照)。そのような意識を持っていた最澄もまた、「苦しいことだ」と嘆く義栄に共感していたのかもしれない。

興味深いことに、仏滅後に論争が起きるという予言は、空有の論争においてもなされていた。そもそも仏法は甚深であり、もともとはただ一つである。(仏法を)学んでいる途中の者はまだ理解しておらず、異説が起きる。このため、世尊は『仏地経』で「……たとえば、様々な大小の川が、大海に入らないうちは水に違いがあり増減もあるが、大海に入れば水の違いや増減がないように、菩薩が如来の清浄法界という大海を悟らないうちは智慧に違いがあり増減もあるが、もし如来の清浄法界という大海に証入してしまえば智慧に違いもなく増減もない……」という。親光は(『仏地経論』のなかで『仏地経を』)注釈して「(仏滅後)千年以前、仏法はただ一つであったが、千年以後は空と有で論争が起きる」と述べた。ブッダが亡くなって一千年後、南インドの健至国《カーンチープラ》に二人の菩薩が一時に出世した。一人は清弁《バーヴィヴェーカ》であり、もう一人は護法《ダルマパーラ》である。有情(衆生)を仏法に悟入させるために、空と有の宗を立てて、共にブッダの意図を成就させようとした。(円測『仏説般若波羅蜜多心経賛』)

空有の論争は、三転法輪説に基づけば釈迦在世時にも起きており、仏滅後のインドでは、右の予言にある通り、中観派の清弁《バーヴィヴェーカ》と唯識派の護法《ダルマパーラ》のあいだで起きている。そして、三論宗と法相宗との対立という形で、日本でも論争が起きているのである。こういった予言が知られていた社会のなかでは、徳一が霊潤を「三論宗の人」とよび、天台智顗のことを清弁《バーヴィヴェーカ》と同じ「辺主」とよぶのも、無理のないことのように思われる。空有の論争や仏性論争を戦っていた最澄・徳一ならびに同時代の人々は、自身が釈迦の予言のなかに生きていることについての強い自覚があったのではないだろうか。

そして、最澄が『法華輔照』で描こうとしていたのは、ブッダの予言によって必ず論争が起きるものの、必ず「一乗家」が勝利する歴史である。「一乗家」が勝利しても、しばらくすれば、また謗法者が現れて論争が起きる。最澄の叙述する歴史は、そうあるべきものであったのである。

「仏教伝来」の地域性

この最澄の思想史の叙述は、現代の歴史学で見られるような――本書でも試みているような――確実な史料に基づき、できるだけ客観的であろうとする歴史叙述と同じものではない。最澄は、アクセス可能な資料のなかから、これまで見てきたような歴史叙述に都合のよいものを取捨選択し、時系列で並べている。逆に言えば、『法華輔照』などの著作の向こうには、より多様な思想史の世界が広がっていたのである。

最澄からアクセス可能であった世界がどのようなものであったかを考えるためには、最澄が延暦二十三年(八〇四)に**遣唐使**として入唐し、何を学んだかを確認しておく必要がある。河上麻由子によれば、遣唐使は「外交権」を掌握する天皇の、一代一度の事業としての側面が見られるという。最澄が参加した第十四回遣唐使は、蝦夷征討と平安遷都という二大事業を一段落させた桓武天皇が、一代一度の事業として行なったものだという(河上二〇一九)。最澄はたまたまよいタイミングで、遣唐使に選ばれるようなポジションにあった。

遣唐留学僧には、長期間、唐にとどまる**留学生**《るがくしょう》と、遣唐使と往復をともにする**還学生**《げんがくしょう》との二種類があった。最澄は後者である。延暦二十三年に入唐して、翌年には帰国するので、長安まで行ってじっくり仏教を学ぶということはできない。よく知られているように、空海は前者の留学生であり、長安まで行って最新の真言密教を学ぶことができたが、大同元年(八〇六)に帰国してしまっている。

様々なトラブルがありながらも大陸に上陸することができた後、最澄は台州、越州といった現在の浙江省に相当する地域で学んでいる。日本から近い海沿いの地域である。台州には、天

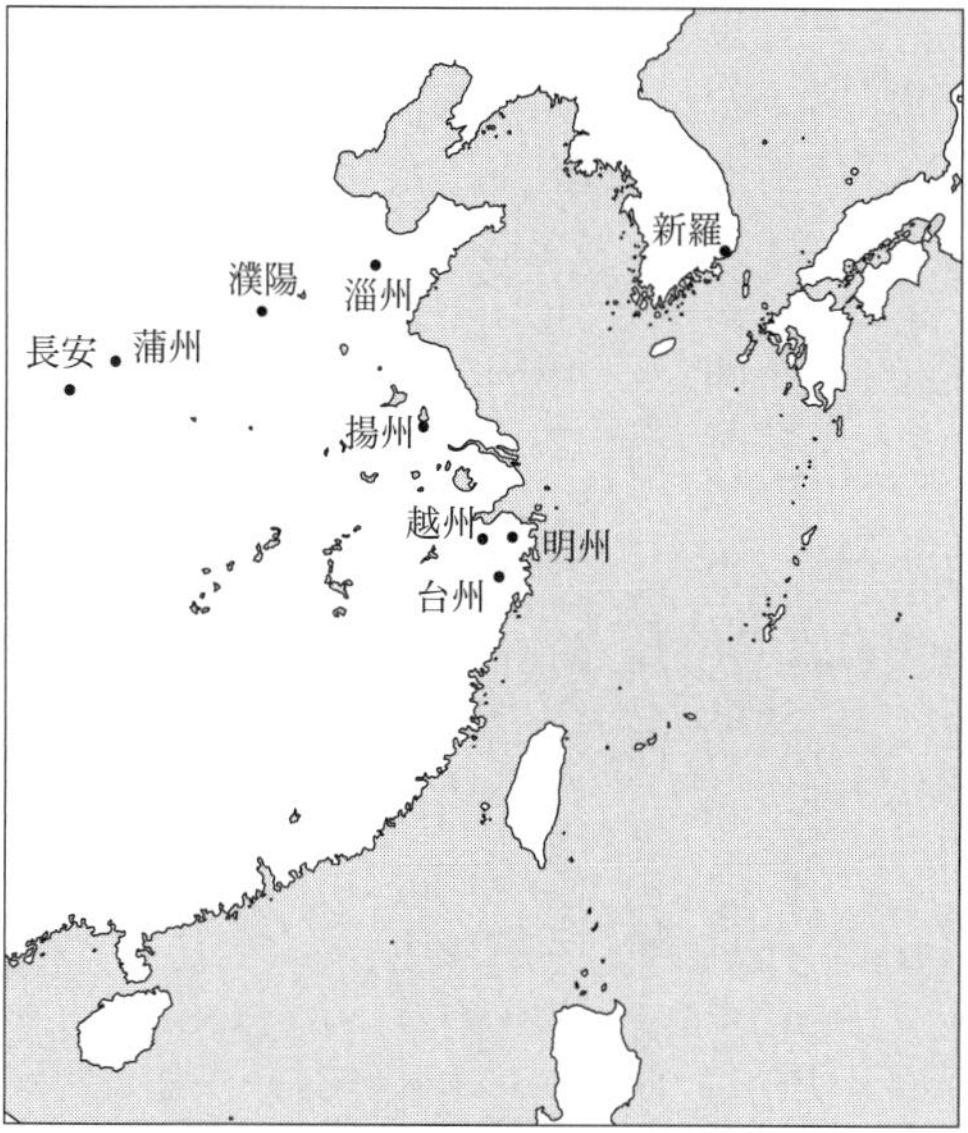

台宗の名前の由来となった天台山があり、そこで最澄は、中国天台宗を再興した六祖・湛然《たんねん》(七一一～七八二)の弟子である**道邃**《どうずい》、**行満**《ぎょうまん》(ともに生没年不詳)から天台法門を学んでいる。また、同じく道邃から菩薩戒を、翛然《しゅくねん》から禅を受法したという。越州では、龍興寺の**順暁**《じゅんぎょう》から密教を学んだという。最澄の活動がこのように中国の沿海部に集中していることは、『法華輔照』における仏性論争史の叙述だけでなく、最澄・徳一論争全般を考えるうえで重要である。というのも、最澄(後に見るよ

うに徳一も)が依拠していた仏教思想は、多くが長安から東の地域に展開したものを中心にしていたからである。

これまで何度か述べてきたように、最澄・徳一論争の淵源の一つは、玄奘が唐にもたらした唯識思想に「生きとし生けるものすべてがブッダになれるわけではない」「すべての衆生がブッダになる素質、すなわち仏性を持っているわけではない」という一分不成仏説が含まれていたことで、唐で起きた仏性論争である。仏性論争は、玄奘たちが活動していた長安から伝播し、やがて日本にも届いたわけであるが、長安から日本を目指して、まっすぐに伝わったわけではない。唐における三一権実諍論あるいは仏性論争は、長安を起点として新羅や日本といった東方に展開するのとは別に、敦煌方面へと伝播する**西方への展開**もあり、西方に伝わった議論の思想的な内容や関心は、東方に伝わったものとは異なっていた(小野嶋二〇二二)。最澄が見ていた仏性論争は、長安を中心に東西に伝播した思想のうち、東に展開したものに偏っているのである。

これまで見てきたように、『法華輔照』の「大唐仏性諍」では、玄奘の帰国以降、唐で起きた仏性論争について、霊潤、神泰、義栄らの著作の内容を紹介している。霊潤は長安の仏教界で高い評価を受けていた人であるが、霊潤を批判した神泰は、「蒲州栖巖寺沙門」と名乗っていたことが玄奘訳『瑜伽師地論』の識語などから明らかである。蒲州は現在の山西省運城市あたりにあった州である。その神泰を一切皆成仏説の立場から批判したのが義栄であり、新羅の人とされる。いずれも、長安から見て東方の人々である。

長安から西に展開した仏性論争については、『法華輔照』では何も記述がない。つまり、最澄から見えていた仏性論争は、東アジア全域で展開した仏性論争のなかで、東に伝播したものだけだったのである。私たちはつい、インド→中国→日本という一方通行な歴史観で仏教史を捉えがちであるが、近年、その考え方には再考がせまられている(石井二〇一九)。仏性論争の展開もまた、『法華輔照』で描かれているような「西から東へ」という東漸史観で考えてはいけないのである。

さらに言えば、玄奘に学んだ唯識派の人々についても、長安から東西に広がっている。先にも見たように、日本においては、玄奘の弟子である基→慧沼→智周という系統が重視される。長安出身の基は玄奘の下で活躍したが、後半生は地方での遊説を行っている。慧沼はもともと淄州《ししゅう》(山東省)の出身で、長安で基と普光の二師に学び、「山東一遍照」と号したという。長安で訳経事業に参画することもあったが、山東省をホームグラウンドとして活躍したようである(根無一九八七、戸崎一九九七、師二〇〇三)。智周は、今の河南省にあった濮陽《ぼくよう》を本拠とし、名声は中央に届いていたが、長安で活躍することはなかった(師一九九九)。このなか、特に基と慧沼は、仏性論争史における一分不成仏説を代表する論客であり、一切皆成仏説を強く批判したことから、徳一らが自説の根拠とし、最澄をはじめとする一切皆成仏説の側から強く批判されている人たちである。

ちなみに智周の弟子、崇俊・法清は揚州で活動をしており、日本から来た遣唐使と交流した記録が残されている。当時、仏教教理などに関する疑問を解決するための**唐決**(質問状)が、遣唐使によって唐にもたらされたが、その一部について、智周の弟子が回答した記録が残っているのである。そのなかには空有の論争に関連する質問も含まれていた。興味深いのは、その回答に対する日本側の反応である。それは「都に入ることができなかったので、良匠《りょうしょう》に会うことができなかった」というもので、地方の学僧を低く見るような態度であった(師二〇一七)。逆に言えば、当時、日本からの入唐僧たちがアクセスできる仏教の情報は、長安から離れた、日本に近い沿海地域のものに偏っていたのである。

しかし、唐にいた唯識学派の人々は、この長安から東の地域に縁のある人たち、つまり日本で重視された人たちだけではない。玄奘の弟子にあたる人々は、仏性論争と同様、敦煌にも広がっている。そういった西に向かった唯識思想は、遣唐使にとっては接触する機会がなく、日本では受容されなかった。

最澄に限らず、遣唐使などによる仏教典籍や思想の伝来は、アクセスがしやすい長安より東の地域のものに偏っていたのである。大久保良峻は、天台教学を学びに入唐した最澄が越州で密教を学んだのは、予定外の「副次的なもので、偶然と言うべきもの」であったという（大久保二〇一五）。最澄・徳一論争の思想史的な位置づけを考える場合には、このような東アジア仏教の地域性と、遣唐使が仏教にアクセスする際の偶然性について確認しておく必要がある。仏教の伝来は、インドから唐へ、そして日本へ、という一直線で、必然性のあるつながりではなく、多様な人々による、地域性と偶然性に左右されたものだったのである。そして、最澄の仏性論争史の叙述も、こうした環境のなかで行われたのである。

3　歴史叙述という実践

「実用的な過去」としての『法華輔照』

大著『メタヒストリー』（一九七三年）によって、歴史叙述の持つ物語性、文学性に着目することの重要性を説いたアメリカの歴史学者ヘイドン・ホワイト（一九二八～二〇一八）は、晩年、イギリスの政治哲学者マイケル・オークショット（一九〇一～一九九〇）の提唱する「**実用的な過去**（practical past）」「**歴史学的な過去**（historical past）」という対概念を参照しつつ、前者の意義を強調した。「実用的な過去」とは、個人や集団が抱える問題を解決したり、生存戦略・戦術として用いたりする「過去」であり、「歴史学的な過去」とは、歴史学者などによって行われる、没利害的で、過去を知ることそれ自体を目的として研究されるような過去のことである（ホワイト二〇一七）。

たとえば、自分の住んでいる地域に対して愛着を持っている人が、郷土の偉人などを美化し、顕彰するような伝記などを書いたとする。これは、自身の属する地域に対して誇りを持ちたいという自然な欲求に加え、場合によっては観光などの経済的な効果も期待しながら過去を叙述する「実用的な過去」である。これが行き過ぎると、ナショナリズムやショービニズム（排外的な愛国主義）に基づいた**歴史修正主義**となったりもする。つまり、自身の「愛国心」を満たすために、都合の悪い過去をなかったことにしたり、非倫理的な過去を無理やり美化したりするようなことが行われる。これらもまた「実用的な過去」の一つと言える。現代社会において歴史と言えば、歴史学者の語る「史実」だけが観念されがちである。しかし、「実用的な過去」のような、自分の考えを正当化するための歴史叙述も広く行われているのである。

徳一との論争に勝利し、一乗仏教を宣揚しようという目的のために語られる『法華輔照』の三国仏性論争史は、まさに「実用的な過去」である。そもそも、当時の唐を中心とした東アジアの仏教界が、一切皆成仏説と一分不成仏説とに二分し、対立していたわけではない。村上明也によれば、実際にはこの二つの説の中間的な考え方を持つ人々もいて、多様な議論がなされていたという。唐には、法相宗で重視される『成唯識論』から名前をとった「成唯識家」とよばれる学僧たちがいたが、彼らは定性二乗が大乗に転向してブッダになるという、法相宗では絶対に承認できない教義を有していたという（村上二〇一八）。彼らも、基や慧沼、徳一などと同じ玄奘訳の唯識経論を重視するグループであるが、明らかに思想的には相容れない。先に見たように、最澄もまた、自身にとって都合のよい唯識説を説いた人々を「善法相師」「新法相師」などとよんで、徳一への批判を展開していた。これもまた、玄奘訳の唯識経論を重視した人々の思想的な多様性を表すものであろう。『法華輔照』の叙述方法は、言わばそういった多様性を捨象し、一乗家vs.三乗家のような二項対立的な図式にまとめあげようとするものでもある。最澄が、ブッダの予言によって必ず思想対立が起き、そして必ず「一乗家」が勝利すると確信していたとすれば、過去＝仏性論争史は**二項対立**的でなければならないのである。

同様に、法相宗が、釈迦一代の説法の変遷という形で自身の正統性を誇示しようとした三時教判も、ある種の「実用的な過去」と言える。英語のpracticalには「実践的な」とか「修行の」といった意味もあるので、三時教判や『法華輔照』などの歴史叙述の実践については「実用的な過去」ではなく「（宗教）**実践としての過去**」と言い換えてもよいかもしれない。

一方で本書は、最新の研究成果を用いたり、実際に資料を読み解いたりしながら〝三時教判で描かれる説法の段階的な発展は、実際の釈迦の説法とは異なる〟と言い立て、また〝『法華輔照』や『佛性の研究』が描く二項対立的な仏性論争史の叙述は、実際のインドや中国の仏教思想史をそのまま反映したものではなく、実際には多様な思想史的状況があったものを単純化したものだ〟と暴露するようなものになっている。これらは典型的な「歴史学的な過去」である。結果的に、最澄(天台宗)と徳一(法相宗)両方の足を引っ張るような形になっているが、過去を明らかにすることを目的とする本書の立場からすれば、最澄や徳一が困ることになろうと知ったことではない、ということになってしまう。

このように「歴史学的な過去」的な態度においては、過去の宗教者が心から信じていた信仰世界や、実存をかけた議論の応酬までも「歴史学的に言って、史実ではない」と切り捨ててしまうようなことが起きる。現代において天台教学や唯識思想を信仰し、それに基づき修行をしている人々や、伝教大師最澄や徳一菩薩を慕っている人々——言い換えれば、自身の信仰や思慕を強化しようとするために「実用的な過去」によって最澄・徳一を理解したいと思っている人々が本書を読んだら、もしかすると不快な思いをするかもしれない。これは「歴史学的な過去」の持つ、ある種の**暴力性**である。

一方で「歴史学的な過去」は、歴史修正主義に基づきヘイトスピーチなどをする差別主義者の暴力に対して、その過去の見方は史実ではない、と批判し、その非倫理的な主張自体を無効化する力も持っている。「実用的な過去」と「歴史学的な過去」には、こういった両面性があるのである。

論争は終わらない

先に本書の態度は、「歴史学的な過去」的なものであると述べた。たしかに筆者は、幸か不幸か宗教者ではなく、文献学や思想史研究の訓練を受けた研究者なので、本書によって一乗思想を広めようとも思わないし、徳一の立場を擁護しようとも思っていない。日本社会で部派仏教が「小乗」とよばれてきたことや、五姓各別説が差別主義と捉えられてきたことについては修正をしたいと考えているし、最澄・徳一論争の解説をすることで(大げさに言えば)人類全体の知を向上させたいとも思っているが、ある特定のイデオロギーに奉仕しようとは思わない。

一方で筆者は、宗教や文化の対立による内戦やテロが後をたたない時代を生きている。**グローバル社会**のなかで、異なる宗教や文化のあいだの対話が可能なのか不可能なのか——そういった問題意識を持ちながら、仏教研究を行っている。さらには、一大学教員として、現在の人文学が直面している難しい状況、そして「改革」が叫ばれる高等教育の現状のなかでも生きており、本書を書くことを通じてそうした状況を少しでも改善したいというある種の**生存戦略**を意識している(端的に言えば、本書を通じて東アジア仏教研究をおもしろいと思う人を増やし、この分野の社会的なプレゼンスを高めたいと思っている)。また、日本仏教研究のような自国の伝統文化の研究は、必然的に郷土愛やナショナリズムなどと結びついてしまう。研究者として、それらと距離を置くことを自戒しつつも、一方でそれらを原資にした研究助成などがあることも知っている。

こういった諸課題を解決するために本書が行っていることは、最澄・徳一論争で筆者がおもしろいと思っているポイントを取捨選択し、複雑な議論をできるだけわかりやすいストーリーに落とし込んで叙述することである(それがうまくいっているかはさておき)。特に、最澄・徳一論争のなかでほとんど注目されることのなかった因明を第四章でとりあげたのは、学問的に重要だという研究者としての判断もあるが、**異宗教間対話**を前提とする因明を紹介したかった、というモチベーションがあったことは否定できない。逆に、最澄と徳一が交わしている微に入り細を穿《うが》つ多様で複雑な議論は、本書では多くが紹介できていない。これは筆者の乏しい筆力にも原因があるが、上記の目的のために「わかりやすいストーリー」を優先させているのである。要するに本書がやっていることは、『法華輔照』の歴史叙述とそれほど変わらないのである。

もちろん、目的は大きく異なっているが。

常盤大定は『佛性の研究』で『法華輔照』の二項対立的な歴史観を継承、拡張して、天台宗が仏性論争史における「一乗家」の中心となるような歴史観を提示した。それは別の言葉で言えば、インド、中国における仏性論争が、すべて最澄・徳一論争の「前史」となるような歴史叙述であった。最澄が復活して『佛性の研究』を論評することはないのだが、〝すべての宗が天台宗を支持している〟という最澄の正統化の原理から見れば、まったく好都合な歴史観ではないかと思われる。筆者はそれに対して、多様な思想史的状況があったと批判してきた。図示すれば次のようになるだろう（本書を、最澄や常盤大定という偉大な先人の著作と同列に並べることには、いささか抵抗があるが）。

二項対立による叙述派　　最澄『法華輔照』 ← **支持** ― 常盤大定『佛性の研究』 ← **批判** ― 本書

多様な背景があった派　　本書

仏性論争史の叙述について〝論争〟が起きることは、現行の『涅槃経』には予言されていなかったと思うが、いずれどこかで隠没《おんもつ》していた経典が見つかるかもしれない。

終章　論争の光芒——仏教にとって論争とは

論争《ディアレクティーク》は存在したか

最澄・徳一論争は、最澄の死によって一応の終止符が打たれた。論争では勝者と敗者が期待されるものである。因明においては、立者、敵者のほかに証義者《しょうぎしゃ》というジャッジがいて、立者が勝利するためには相手(敵者)とともに証義者を説得することが重要となってくる。ジャッジによる判定があるという点では、因明による討論は、現代のディベートと似ている面がある。

しかし、最澄・徳一論争に明確なジャッジは存在しない。もちろん、現代の我々がジャッジとなって、勝手に勝敗をつけることはできる。現在、浄土宗、浄土真宗、曹洞宗といった日本仏教の主要な宗派がすべて一切皆成仏説の立場をとっており、それらの開祖である法然、親鸞、道元らの多くが比叡山出身であることをふまえれば、最澄が唱えた一乗思想が日本仏教を制したとも言え、したがって最澄の勝利と判定することはできるかもしれない。

一方、国外に目を転じてみれば、日本の伝統宗派以外にも様々な仏教が目に入ってくる。タイやスリランカでは、大乗仏教側から一方的に「小乗仏教」とよばれていた部派仏教を継承する人々が活動しており、日本でも一定の信者を獲得している。さらには、グローバル社会のなかで、無神論なども含めた多様な宗教的立場のあいだの対話が大きな課題となっている。こういった社会において、一乗思想に基づき「すべての人は将来、必ずブッダになります」という理念をそのまま弘めようとすることは可能なのであろうか。もしかすると、現代社会においては、ブッダになること以外にも複数のゴールがある、と主張する五姓各別説のほうが適しているのかもしれない。そうだとすれば、最澄・徳一論争は徳一の勝利であったと判定することもできるだろう。いずれにせよ、時代状況が変われば判定基準も変わってくるので、こうした後世の人間によるジャッジによって最澄・徳一論争を評価することはあまり意味がないかもしれない。

では、別の角度から最澄・徳一論争を評価することはできないだろうか。一つの視点として、最澄・徳一論争で戦わされた様々な議論が、後世の思想にどのように影響を与えたか、ということをあげたい。これは、丸山真男『日本の思想』の次のような発言を念頭に置いている。

思想が対決と蓄積の上に歴史的に構造化されないという「伝統」を、もっとも端的に、むしろ戯画的にあらわしているのは、日本の論争史であろう。ある時代にはなばなしく行われた論争が、共有財産となって、次の時代に受け継がれてゆくということはきわめて稀で

ある。(丸山一九六一)

ここで丸山は、日本における論争が、議論の積み重ねとして後世に受け継がれないことを日本の「伝統」とよんでいる。「いうまでもなく「論争」はディアレクティークの原始的な形態であるから」と述べていることからもわかるように、丸山は、異なる思想の弁証法《ディアレクティーク》の先に新たな思想への進展を期待している。もっとも、右の発言は、主に近代における思想論争が流行に左右されて蓄積がないことを嘆いたものであり、また、そもそも仏教における教相判釈的な論争は、弁証法が一つの真理を目指すのとは異なり、真理が常に更新されるような性格を持っている(第三章)。したがって丸山の見方をそのまま前近代の最澄・徳一論争に適用するのは勇み足かもしれないが、論争の蓄積と進展に注目する丸山の「論争史」という観点から最澄・徳一論争の意義を考えるのは、一定の意味があるように思う。

最澄・徳一論争は「次の時代に受け継がれ」たか。三一権実論争や仏性論争という点で言えば、最澄・徳一論争が終わっても、同じテーマでの論争は続いている。最澄が亡くなってから間もない天長七年(八三〇)に、淳和《じゅんな》天皇の命で各宗の教義の概要を述べた書が出された。六宗から出されたことから天長六本宗書と言われるが、そのうち三論宗の西大寺・玄叡《げんえい》(?~八四〇)が著した『大乗三論大義鈔《だいじょうさんろんだいぎしょう》』には、当時知られていた十の「諍論」がリストアップされ、それぞれの概要の紹介と論評がなされている。

群家の異論は、細かく言えば繁多であるが、その綱領をとりだして大まかにこれを論ずれば、およそ十種ある。一、空有の論争。二、(仏身が)常住か無常かの論争。三、五つの種姓が本来的(法爾)に存在するかしないかの論争。四、仏性の有無をめぐる論争。五、定性・不定性の論争。六、変易生死《へんにゃくしょうじ》をめぐる論争。七、三一権実論争。八、三車・四車の論争。九、三時教判に関する論争。十、(法身が)説法をするか、しないかの論争。(『大乗三論大義鈔』)

このうち二〜九は最澄・徳一論争のなかで直接議論されているテーマである(二、四、五については第四章でとりあげた)。また、一の空有の論争が最澄・徳一論争と密接に関連していることは、すでに述べた通りである。

これ以後も、様々な文献でこれらの論争が繰り返されている。常盤大定が『佛性の研究』であげていた三論宗・円宗の『一乗仏性慧日抄』や、天台宗の源信の『一乗要決』などは、一乗家を代表する著作であるが、三乗家である法相宗においても多くの議論が重ねられている。平安時代における論争として有名なのは、**応和《おうわ》の宗論《しゅうろん》**であろう。応和三年(九六三)、村上天皇が天台宗から十師、法相宗から十師を招いて『法華経』の講義をさせた際、両宗のあいだで一切皆成仏説と一分不成仏説をめぐる論争が起きた、というものである。最澄が『法華輔照』で描いた仏性論争史に影響されてか、ついつい三一権実論争や仏性論争に目が向きがちであり、ポスト最澄・徳一論争についてもこの応和の宗論がクローズアップされることが多いが、空有の論争や三時教判に関する議論も継続している。

　しかし、それらの論争から生まれたものは何だろうか。結局のところ、一乗家は一乗家のまま、三乗家は三乗家のまま、お互いに変化することなく、ただ議論が精緻化していっただけではなかったか。もちろん、議論の精緻化が無意味だということはない。しかし、加藤周一が日本文化を「**雑種文化**」として肯定的に評価したこと（加藤一九五五）に対して、丸山が次のように言うのは、まさに日本仏教における論争史のあり方を端的に表しているようにも見える。

……私がこの文でしばしば精神的雑居という表現を用いたように、問題はむしろ異質的な思想が本当に「交」わらずにただ空間的に同時存在している点にある。多様な思想が内面的に交わるならばそこから文字通り雑種という新たな個性が生まれることも期待できるが、ただ、いちゃついたり喧嘩したりしているのでは、せいぜい前述した不毛な論争が繰り返されるだけだろう。（丸山一九六一）

　言うまでもなく、最澄・徳一論争や、その後に継続する論争について、「いちゃついたり喧嘩したりしている」と評価するのは妥当ではない（丸山はやはり、流行に左右されがちな近代の論争を念頭に置いてこう言っているのであろう）。しかし、最澄・徳一論争などから新たな思想の「雑種」が生まれたか、と問われたら、心許ない。ただ、ここで注意しなければならないのは、最澄・徳一論争は、論争の結果、最澄が『法華輔照』で提示した二項対立的な、決して両者が交わらない枠組みを生み出し、『佛性の研究』のような近代のアカデミズムまでにも影響したということである。そして、諸宗併存の体制(第四章)とでも言えるような、異なる宗が「空間的に同時存在」するような体制が、最澄・徳一論争における最澄の議論を一つのきっかけとして古代から中世に至る日本仏教のなかで構築され、そしてそれが近代まで維持された、ということである。そうであるとするならば、丸山が批判する「精神的雑居」に似たものを仏教界に基礎づけ、「雑種」を生み出さない論争史を準備したものの一つが、最澄・徳一論争における最澄の論法であり、その背景にあった思想であったと言えるかもしれない。

選択された雑居性

注意しなければならないのは、このような複数の思想の「同時存在」的なあり方は、もともとそのような「文化」が日本にあり、それがこの論争を通じて強化されたということではなく、様々な選択肢のなかから選び取られたものだった、ということである。一切皆空と実在論(有)、三乗思想と一乗思想のような両立し得ない二つの思想のあいだで論争が起きていた場合、学僧がそれをどのように捉えるかについては、当時いくつかの選択肢があり得た。たとえば、空有の論争の場合、新羅の唯識の学僧である大賢《たいけん》(八世紀)は、インドにおける清弁《バーヴィヴェーカ》と護法《ダルマパーラ》による空有の論争について、以下の三つの見解があったと伝えている。
①ある説では、この両者（清弁と護法）のあいだには実際に論争があったとされる。『仏地経論』には「千年後、大乗のなかで空有の論争が起きる」とあるのは、このことを言っているのである。……円測《えんじき》らは〝実際に論争があった〟と伝えている。
②ある説では、二師のあいだに論争はまったくなかった、という。……（清弁の）『大乗掌珍論』で批判されているのは相応論師であって、護法ではない。護法菩薩の『大乗広百論釈論』では相応論師を批判しており、彼（清弁）と同じである。このようなことを証拠とし、順憬《じゅんけい》師らは〝論争はなかった〟と伝えている。
③ある説では、この二人は言葉では論争をしているが同じ意味のことを言っている、とする。……元暁師らは〝言葉のうえでは論争しているが、意図は同じである〟（と述べた）。
（大賢『成唯識論学記』）

玄奘の『大唐西域記』において〝清弁と護法は会うことができなかった〟と書かれていることが、このような解釈の違いを生み出した背景の一つであるが、ここで注目すべきは③である。日本でも大きな影響力のあった新羅の**元暁**《がんぎょう》（六一七〜六八六）の**和諍**《わじょう》思想は、空と実在（有）、三乗真実と一乗真実のように、相互にまったく矛盾している異説の調停を目指すものであり、右の③において〝言葉のうえでは論争しているが、意図は同じである〟というのがまさにこの和諍にもとづく論争解決のための考え方である。

元暁によれば、究極の真理は言葉を離れているため、言葉で表現される教説には自ずと真理とのあいだにずれが生じてしまう。その結果、言葉で表現された複数の教説のあいだでは相互に矛盾が起きてしまう。しかし、言葉の上では対立しているように見えたとしても、言葉の向こう側にある真理は同一であるという。

このような元暁の調停に対しては様々な批判が起きたが、それに対して元暁は次のように言う。

私は言葉を頼りに、言葉では表現できない真理(絶言之法)を示している。あたかも手の指によって、指から離れた月を指し示すように。汝が……言葉で表現した譬喩を引用して、言葉を離れた真理を非難するのは、指先だけを見て〝月ではない〟と責めるようなものである。非難が詳細になればなるほど、理を失うことはますます遠くなるのではないか。

(『十門和諍論』)

つまり、真理を表現するための言葉を批判しても、真理から遠ざかるだけだ、と元暁は言うのである。

言葉で表現することができない真理を言葉で表そうとすると、それぞれ真理からずれた多様な教説が生まれ、それらは必ず対立してしまう。元暁が真理と言語との関係をこのように述べる際、念頭に置いていたと思われるのが、因明の**相違決定**《そういけつじょう》である。第四章で述べたように、相違決定とは、「水かけ論」を論理学的に定式化したものである。相違決定の存在は、因明が「複数の聖典＝信念」の併存を前提としていることを示唆している。因明の各種ルールは、そのような状況において議論を成り立たせることを目指して考案されたが、元暁はそれを逆手に取って、言語を使った議論においては必ず矛盾が発生することを示す手段として、相違決定を用いたのである。この考え方は、「三支を用いた論証は、どうして存在の本質（法性）を明らかにできるだろうか」という最澄や、法宝、法蔵らの因明に対する態度と共通するのではないかと思われる。

この和諍的な考え方は、「ありのままの真理（真如）は、同一であって二つではない」と述べて三論宗・法相宗の対立を調停しようとした延暦二十三年の勅――これは最澄がブレインとなって考え出されたものであった――とも共通する（第二章）。元暁の和諍思想は三論宗の祖である吉蔵の影響を受けたというから（石井二〇〇二）、おそらくこの勅の考え方は、三論宗もしくは三論宗と近い立場にあった最澄から提案されたものであろう。

また、真理は一つであるが、必ず論争が生じてしまう、という考え方は、第五章で見た「予言されていた論争」とも通じる。空有の論争は、「そもそも仏法は甚深であり、もともとはただ一つである。（仏法を）学んでいる途中の者はまだ理解しておらず、異説が起きる」と予言されていた。こういった予言が、最澄に『法華輔照』の仏性論争史を書かせる背景となった。

興味深いことに、三論宗の人々は、この和諍的な考え方を用いて異説の調停を行うのではなく、論敵・法相宗を批判するためのロジックとしても用いていた。たとえば三論宗の智光《ちこう》（七〇九〜宝亀年間）は、空有の論争において、左のように法相宗を激しく批判している。

かの基《き》・円測らが、般若経典を第二時の不完全な教え（不了義）とするのは、甚だしい迷謬であり、目の見えない者（瞽者）が闇夜を狂ったように走るようなものである。（『般若心経述義』）

しかし、智光がここまで強い表現を使って法相宗の三時教判を批判する際に用いているのは、和諍を説く吉蔵と元暁である。智光は、『般若経』などで説かれる空の教えが、唯識中道の教えと本質的に同じなのに、前者を第二時（三論宗）とし、第三時（法相宗）より低くみる見方を批判している。しかし、彼の批判はそこで止まってしまう。元暁などに基づくかぎり、中インドの智光の「三教次第」（第三章）のように、三論宗を法相宗より上に置くことはできないからである。

智光が用いたこのロジックは、天長六本宗書の一つ、護命《ごみょう》（七五〇〜八三四）『大乗法相研神章』における空有の論争の論評にも見られる。

質問。三論宗と法相宗のあいだには常に論争があった、という趣旨のことを聞くが、その論争とはどのようなものか。

回答。二つの教義(宗)のあいだには論争はない。三つの論(三論)の意図は、実在に対する執着(有執)を論破し〝空〟という薬を処方することである。無著《アサンガ》・世親《ヴァスバンドゥ》が伝えるその教義(宗)のどこに(三論宗と)論争するところがあるというのか。ただブッダの滅度から千百年後、清弁《バーヴィヴェーカ》が世に現れて、(三論とは)別に大部の論書を著し論争を引き起こした。これは三論宗と法相宗の論争ではない。(『大乗法相研神章』)

これも、右の智光と同じである。三論宗と法相宗とのあいだには論争がなかったはずなのに、清弁《バーヴィヴェーカ》——そして、清弁を擁護する三論宗の人々——が本来ないはずの論争を引き起こしたと批判しているのである。

このような批判は、最澄と徳一とのあいだでの「共許《ぐうご》」理解のずれでも見られる。徳一は、異なる思想どうしで議論をする場合には、両者が承認している概念を用いて論証を重ね、段階的に両者が承認する概念を増やしていくことで、議論を成り立たせようとする、因明の原則に従っていた。そのために、「天台法華義」が論証のないまま(徳一から見れば)拙速に「円教」という概念を持ち出してくることについて、それは「共許」ではないのではないか、と批判をした。それに対して最澄は、「麁食者《そじきしゃ》(徳一)一人だけが共許していないとしても、大唐・新羅では皆、共許している」と反論した。ここで徳一は、右の護命の発言に見える清弁のように、論争のないところに論争を起こした人、世間で常識となっている(と最澄が思っている)天台宗をむやみに批判している人とみなされている(第四章)。

このように、まったく相矛盾する二つの思想が対立していたとき、学僧には様々な選択肢があり得た。もちろん、思想的な対立、相違を引き受けて、問答を試みる人もいた。一方で、元暁などを参照して〝真理は一つであるが、それを言葉で表すことで対立が生じる。それを理解せずに論争を起こす人こそが批判されるべきである〟と主張する人々もいた。空有の論争や最澄・徳一論争のなかで、最澄をはじめとする人々が選択したのは、後者であった。

地獄に堕ちる覚悟

なぜこのような選択がなされたのか。その理由の一つは、論争を起こすと地獄に堕ちると考えられていたからである。もともと仏教では、異なる思想を唱えるなどして教団《サンガ》を分裂させる行為(破僧《はそう》)を、五逆罪の一つとみなして強く警戒し、経や律などで禁止していた。そして、破僧を犯した者は無間地獄に堕ちると言われていた。

どのようなことをすれば破僧になるのかは、時代や地域によって異なる。インドにおいては、佐々木閑《しずか》が明らかにしたように、アショーカ王(前三〇四~二三二)の時代に破僧の定義が変化している。それ以前は〝異説を唱えて独自グループを作った場合は教団《サンガ》を分裂させたとみなす〟

という定義であったが、その時代に〝一つのサンガのなかで別々に行事を行えば教団《サンガ》を分裂させたとみなす〟という定義へと変化したのである（佐々木二〇〇〇）。これは、第三章で見たアビダルマ仏説論と並んで、大乗経典という多様な〝仏説〟に基づく豊穣な思想の世界を生み出す大きなきっかけとなった。しかし、そのような変化がそのまま東アジアに伝わったわけではない。「異説を唱えたら破僧であり地獄に堕ちる」という規定に基づいた経や律も含め、多様な仏典が五月雨式に東アジアに紹介されたからである。

様々な論争を紹介する『大乗三論大義鈔』でも、経典を引用しながら、論争（諍論）は「三塗《さんず》之因」、つまり地獄・餓鬼・畜生道という三悪道に堕ちる原因だと述べている。最澄もまた、大唐・新羅で「共許」されている天台教学を批判する徳一に対して、阿鼻地獄に堕ちるだろうと繰り返し述べている（第三章）。

徳一もまた、空海のもたらした真言密教に対して批判的な疑問を投げかける際、次のように述べていた。

ここに述べた様々な疑問は、おそらくは謗法の業となり、無間地獄に堕ちる報いを招くことになるかもしれない。ただ、疑問を決し、智慧と理解を増やし、ひたすら信じることに帰し、もっぱらその教えを学ぶことを欲しているだけである。（『真言宗未決文』）

つまり、徳一は、自身の行為が場合によっては堕地獄の原因になりかねないことを自覚していた。そうであるにもかかわらず、「智慧と理解を増やす」ために、疑問を投げかけたのである。先にも述べたように、日本仏教には問答を重んじる文化があったが、その裏には、こういった謗法を恐れる心性もまた同居していたのである。

地獄に堕ちるリスクがあったとしても、言葉を用いた問答によって異なる教えを批判し、また理解しようとした徳一。真理を表現することができない言葉が引き起こす論争を、各宗の相互承認によって回避しようとした最澄。両者は、論争における様々なやりとりを通じてそれぞれの態度を表明し、それはまた後の日本仏教にも継承された。最澄と徳一のアプローチを、このように単純化して提示することには躊躇する面もある。しかし、この二つのアプローチは、仏教における論争が持つ二つの側面を表していると考えてもよいのではないだろうか。

「実用的な過去」であれ「歴史学的な過去」であれ、我々は自己を陶冶するために過去を学ぶこともできれば、他者を傷つけるために過去を用いることもできる。我々は、最澄・徳一論争から、何を学ぶことができるだろうか。

参考文献一覧

田村晃祐『最澄教学の研究』（春秋社、一九九二年）、拙著『論理と歴史――東アジア仏教論理学の形成と展開』（ナカニシヤ出版、二〇一五年）は、本書全体にわたって参考にしている。

第一章

伊吹敦「初期禅宗と日本仏教――大安寺道璿の活動とその影響」（『東洋学論叢』三八、二〇一三年）
勝浦令子「正倉院文書にみえる天台教学書の存在形態」（薗田香融編『日本仏教の史的展開』塙書房、一九九九年）
久野健『東北古代彫刻史の研究』（中央公論美術出版、一九七一年）
窪田大介『古代東北仏教史研究』（法蔵館、二〇一一年）
小林崇仁「東国における徳一の足跡について――遊行僧としての徳一」（『智山学報』四九、二〇〇〇年）A
小林崇仁「東国における徳一の足跡について――徳一関係寺院の整理と諸問題の指摘」（『大正大学大学院研究論集』二四、二〇〇〇年）B
佐久間竜『日本古代僧伝の研究』（吉川弘文館、一九八三年）

塩入亮忠「徳一法師雑考」（『新山家学報』一―四、一九三一年。田村晃祐編『徳一論叢』国書刊行会、一九八六年に再録）
曾根正人『古代仏教界と王朝社会』（吉川弘文館、二〇〇〇年）
薗田香融「最澄の東国伝道について」（『仏教史学』三―二、一九五二年）
薗田香融『平安仏教の研究』（法蔵館、一九八一年）
高橋富雄『徳一と最澄』（中公新書、一九九〇年）
竹内亮『日本古代の寺院と社会』（塙書房、二〇一六年）
田村晃祐編『最澄辞典』（東京堂出版、一九七九年）
田村晃祐『最澄』（人物叢書新装版、吉川弘文館、一九八八年）
張堂興昭「大乗戒勅許と最澄の最期をめぐる定説への疑義――『叡山大師伝』を中心に」（『印度学仏教学研究』六七―一、二〇一八年）
根無一力「唐代天台僧清幹の因明学について」（『天台学報』二七、一九八五年）
磐梯町教育委員会「史跡慧日寺跡　本寺地区発掘調査・環境整備　現地説明会資料」（磐梯町教育委員会、二〇〇五年）
富貴原章信『日本唯識思想史』（大雅堂、一九四四年。再刊、国書刊行会、一九八九年）
藤本誠『古代国家仏教と在地社会――日本霊異記と東大寺諷誦文稿の研究』（吉川弘文館、二〇一六年）
堀裕「東北の神々と仏教」（鈴木拓也編『東北の古代史4　三十八年戦争と蝦夷政策の転換』吉川弘文館、

二〇一六年）
松本信道「大安寺三論学の特質――道慈・慶俊・戒明を中心として」（『古代史論叢』続群書類従完成会、一九九四年）
師茂樹「徳一の「如是我聞」訓読をめぐる二、三の問題」（『東洋の思想と宗教』二四、二〇〇七年）
師茂樹「聖語蔵所収の沙門宗『因明正理門論注』について」（『東アジア仏教研究』一三、二〇一五年）
山岸公基「『寺門高僧記』巻四をめぐる問題――続群書類従本錯簡の訂正と所載の徳一関連記事の検討」（『高円史学』一四、一九九八年）
吉田慈順「日本三論宗における『成唯識論掌中枢要』の二比量への反駁――『一乗仏性究竟論』の受容と展開」（『龍谷大学仏教学研究室年報』一八、二〇一四年）

第二章

奥野光賢「最澄の三論批判」（『印度学仏教学研究』四二―一、一九九三年）
木内堯大「初期日本天台における三車四車諍論について」（『印度学仏教学研究』五九―二、二〇一一年）
楠淳證・舩田淳一編『蔵俊撰『仏性論文集』の研究』（法蔵館、二〇一九年）
窪田大介『古代東北仏教史研究』（法蔵館、二〇一一年）
佐伯有清『慈覚大師伝の研究』（吉川弘文館、一九八六年）
佐藤文子『日本古代の政治と仏教――国家仏教論を超えて』（吉川弘文館、二〇一七年）

佐藤もな・道津綾乃・永山由里絵「湛睿稿本断簡より発見した徳一『中辺義鏡残』逸文について」(『金沢文庫研究』三三三、二〇一四年)
菅原征子『日本古代の民間宗教』(吉川弘文館、二〇〇三年)
曾根正人『古代仏教界と王朝社会』(吉川弘文館、二〇〇〇年)
薗田香融『平安仏教の研究』(法蔵館、一九八一年)
薗田香融「最澄とその思想」(安藤俊雄・薗田香融『日本思想大系4 最澄』岩波書店、一九七四年。再刊、『原典日本仏教の思想2 最澄』岩波書店、一九九一年)
田村晃祐編『徳一論叢』(国書刊行会、一九八六年)
田村晃祐『最澄』(人物叢書新装版、吉川弘文館、一九八八年)
平井俊榮「平安初期における三論・法相角逐をめぐる諸問題」(『駒沢大学仏教学部研究紀要』三七、一九七八年)
藤井淳『空海の思想的展開の研究』(トランスビュー、二〇〇八年)
松本信道「『大仏頂経』の真偽論争と南都六宗の動向」(『駒沢史学』三三、一九八五年)
吉田慈順「初期日本天台における因明研究について――『愍論弁惑章』の検討を通して」(『仏教学研究』七一、二〇一五年)
吉田慈順「最澄・徳一論争の波及範囲」(『印度学仏教学研究』六七―二、二〇一九年)

第三章

朝倉友海『「東アジアに哲学はない」のか――京都学派と新儒家』（岩波現代全書、二〇一四年）
バート・D・アーマン『書き換えられた聖書』（松田和也訳、ちくま学芸文庫、二〇一九年）
大竹晋訳『現代語訳　最澄全集』第一～四巻（国書刊行会、二〇二一年）
Cole, Alan. *Text as Father: Paternal Seductions in Early Mahāyāna Buddhist Literature.* University of California Press, 2005.
下田正弘『仏教とエクリチュール――大乗経典の起源と形成』（東京大学出版会、二〇二〇年）
本庄良文「阿毘達磨仏説論と大乗仏説論――法性、隠没経、密意」（『印度学仏教学研究』三八―一、一九八九年）
師茂樹「麁食和上必当作仏――『守護国界章』が想定する円機未熟の読者」（『印度学仏教学研究』五二―二、二〇〇四年）
師茂樹 "Kira Kōyō's *Inmyō* Interpretations and Western Logic."（『印度学仏教学研究』六三―三、二〇一五年）
渡辺章悟「第二の転法輪」（『駒沢大学仏教学部論集』五一、二〇二〇年）

第四章

石井公成「法会と言葉遊び――小野小町と物名の歌を手がかりとして」（原克昭編『宗教文芸の言説と環

境』笠間書院、二〇一七年）
大久保良峻『伝教大師 最澄』（法蔵館、二〇二一年）
小野基「相違決定（*viruddhāvyabhicārin*）をめぐって」（『インド論理学研究』一、二〇一〇年）
桂紹隆『インド人の論理学』（中公新書、一九九八年。再刊、法蔵館文庫、二〇二一年）
桂紹隆「仏教論理学の構造とその意義」（桂紹隆・斎藤明・下田正弘・末木文美士編『シリーズ大乗仏教9 認識論と論理学』春秋社、二〇一二年）
山崎次彦「「立敵共許」とその限界」（『印度学仏教学研究』八―二、一九六〇年）
吉田慈順「中国諸師の因明理解」（『印度学仏教学研究』六五―一、二〇一六年）

第五章

浅田正博「『法華秀句』中巻別撰説について――守護国界章との関連において」（『仏教学研究』四一、一九八五年）
石井公成『東アジア仏教史』（岩波新書、二〇一九年）
大久保良峻『最澄の思想と天台密教』（法蔵館、二〇一五年）
小野嶋祥雄「唐初期三一権実論争の起因に対する論争当事者の認識」（『印度学仏教学研究』六三―二、二〇一五年）
小野嶋祥雄「敦煌文献中の三一権実論争関係資料」（『印度学仏教学研究』六九―二、二〇二一年）

河上麻由子『古代日中関係史』(中公新書、二〇一九年)
倉本尚徳「弘福寺霊潤と西明寺道宣」(『印度学仏教学研究』六八―二、二〇二〇年)
斎藤明「『宝性論』の tathāgatagarbha(如来蔵)解釈考」(『国際仏教学大学院大学研究紀要』二三、二〇一九年)
下田正弘「如来蔵・仏性思想のあらたな理解に向けて」(桂紹隆・斎藤明・下田正弘・末木文美士編『シリーズ大乗仏教8　如来蔵と仏性』春秋社、二〇一四年)
薗田香融「最澄とその思想」(安藤俊雄・薗田香融『日本思想大系4　最澄』岩波書店、一九七四年。再刊、『原典日本仏教の思想2　最澄』岩波書店、一九九一年)
高崎直道「如来蔵思想の歴史と文献」(平川彰・梶山雄一・高崎直道編『講座大乗仏教6　如来蔵思想』春秋社、一九八二年)
常盤大定『佛性の研究』(丙午出版、一九三〇年。再刊、国書刊行会、一九七三年)
戸崎哲彦「法隆寺蔵・李邕撰「唐故白馬寺主翻訳恵沼神塔碑」の伝来と善珠の書写について」(『渡邊隆生教授還暦記念　仏教思想文化史論叢』永田文昌堂、一九九七年)
根無一力「慧沼の研究――伝記・著作をめぐる諸問題」(龍谷大学仏教学会編『山崎慶輝教授定年記念論集　唯識思想の研究』百華苑、一九八七年)
ヘイドン・ホワイト『実用的な過去』(上村忠男監訳、岩波書店、二〇一七年)
村上明也「「仏性論争」という呼称が持つ意味の範囲――「成唯識家」が定性二乗の回心向大を承認した

事例から」(『印度学仏教学研究』六六－二、二〇一八年)
師茂樹「撲揚智周伝についての二、三の問題」(『印度学仏教学研究』四八－一、一九九九年)
師茂樹「唐代仏教における社会事業――慧沼とその弟子による架橋」(『花園大学文学部研究紀要』三五、二〇〇三年)
師茂樹「八世紀における唯識学派の対外交流――崇俊・法清(法詳)を中心に」(『印度学仏教学研究』六六－一、二〇一七年)

終章

石井公成「元暁の和諍思想の源流」(『印度学仏教学研究』五一－一、二〇〇二年)
加藤周一「日本文化の雑種性」(『思想』一九五五年六月号、岩波書店)
佐々木閑『インド仏教変移論』(大蔵出版、二〇〇〇年)
丸山真男『日本の思想』(岩波新書、一九六一年)

あとがき

新型コロナウイルスの感染拡大が起きる以前は、年に数回、海外出張をして共同研究や研究発表などをしていた。そのためか、講演などをするときには「国際的にご活躍の師茂樹先生は……」などと紹介されることがある。

筆者が国外に出るようになったのは——仏教学という学問が昔から国際的であるという点も大きいが——簡単に言えば、日本ではウケなかったからである。唯識思想は昔から人気があるが、なぜか法相宗の思想は人気がない。学生時代に、五姓各別説を研究していると自己紹介をしたら、「それは差別思想だ」などと面と向かって言われたこともある。そういった評価に、最澄・徳一論争が影を落としていると気づくのは、だいぶ後になってからであったが。

因明はもっと人気がない。因明のもととなったインド・チベットの仏教論理学・認識論（知識論）は国内外で多くの研究者がおり、文献学的な研究だけでなく、現代哲学とのコラボレーションなども含めた活発な研究活動が行われているが、東アジアの因明の研究者は日本では本当に数が少ない（中国語圏には研究者が多い）。ある台湾の先生からは「師さんは、奈良時代の善《ぜん》珠《じゅ》、江戸時代の鳳潭《ほうたん》、近代の武邑尚邦《たけむらしょうほう》先生(一九一四〜二〇〇四)に継いで、日本で四人目の因明学者ですね」と言われたこともある。もちろん、日本の歴史上、因明学者はもっとたくさんいるのだが、国外から見ても、日本の因明研究者はそれぐらいレアな存在だと思われている。

筆者が因明を勉強し始めた時は、独学する以外、選択肢はなかった。筆者が教科書に使ったのは、大正七年(一九一八)に出版された村上専精・境野黄洋『仏教論理学』(丙午出版社。昭和六十年に鳳出版から復刻再刊)であるが、同書との出会いはまったくの偶然であった。まだ因明について関心がなかったころ、大学院の先輩が「師君は、これを読んだらいいよ」と頼みもしないのに勧めてきて、買わされたものであった。なぜ勧められたのかはいまだによくわからないが、因明を研究しようという時に同書が手元になかったら、途方に暮れていたのではないかと思う(その意味では、その先輩にはたいへん感謝している)。

日本ではこのような状況であるが、国外での関心は低くはない。正確に言えば、まだあまり知られていないというのが現状であるが、特に欧米では法相唯識や因明を紹介すると、哲学、思想史、宗教史の研究対象としておもしろがってもらえる。英語圏では現在、性差別や白人至上主義を批判するための哲学的ツールとして法相唯識を応用する研究などもされている。また、最澄と同時代に仏教界のトップにおり、最澄と大乗戒独立をめぐって争った法相宗の護命《ごみょう》に関する最新の研究は、ドイツ語で出た研究書と、韓国語で書かれた博士論文である。最澄・徳一論争についても、日本語以外の論文が増えてきている。今後は、ウケる、ウケないとは関係なく、国外の研究者と交流していかなければ、日本仏教の研究は進展しないだろうと思う。

しかし、再び海外出張ができるようになるのだろうか。本書の執筆期間は、ちょうど新型コロナウイルスの感染拡大と重なる。突然発生した業務に忙殺され、出口が見えないなか、なかなか筆が進まなかったことを思い出す。二〇二一年は、東日本大震災から十年、そして最澄の一二〇〇年大遠忌《だいおんき》にあたる。このような節目の年に本書を執筆することができたことに感慨を抱くとともに、疫病や天変地異、戦乱の時代を過ごした古代の人々の心性はどのようなものであったかと、思いを馳せる日々でもあった。

本書の執筆に際しては、吉田慈順氏より多くのご教示を得た。また、岩波書店の飯田建氏には、全体の構成や見出しについて貴重なご助言をいただいた。ここに記して感謝申し上げたい。

二〇二一年八月十八日　最澄の誕生日

師　茂樹

師 茂樹

1972年生まれ．早稲田大学第一文学部卒業，東洋大学大学院文学研究科博士後期課程単位取得退学．博士(文化交渉学，関西大学)
現在一花園大学文学部教授
著書一『論理と歴史 ── 東アジア仏教論理学の形成と展開』(ナカニシヤ出版)，『『大乗五蘊論』を読む』(春秋社) ほか

最澄と徳一 仏教史上最大の対決　岩波新書(新赤版)1899

2021年10月20日　第1刷発行
2022年2月25日　第4刷発行

著　者　師《もろ》 茂樹《しげき》

発行者　坂本政謙

発行所　株式会社 岩波書店
〒101-8002 東京都千代田区一ツ橋 2-5-5
案内 03-5210-4000　営業部 03-5210-4111
https://www.iwanami.co.jp/

新書編集部 03-5210-4054
https://www.iwanami.co.jp/sin/

印刷・精興社　カバー・半七印刷　製本・中永製本

ISBN 978-4-00-431899-6　Printed in Japan

岩波新書新赤版一〇〇〇点に際して

ひとつの時代が終わったと言われて久しい。だが、その先にいかなる時代を展望するのか、私たちはその輪郭すら描きえていない。二〇世紀から持ち越した課題の多くは、未だ解決の緒を見つけることのできないままであり、二一世紀が新たに招きよせた問題も少なくない。グローバル資本主義の浸透、憎悪の連鎖、暴力の応酬――世界は混沌として深い不安の只中にある。

現代社会においては変化が常態となり、速さと新しさに絶対的な価値が与えられた。消費社会の深化と情報技術の革命は、種々の境界を無くし、人々の生活やコミュニケーションの様式を根底から変容させてきた。ライフスタイルは多様化し、一面では個人の生き方をそれぞれが選びとる時代が始まっている。同時に、新たな格差が生まれ、様々な次元での亀裂や分断が深まっている。社会や歴史に対する意識が揺らぎ、普遍的な理念に対する根本的な懐疑や、現実を変えることへの無力感がひそかに根を張りつつある。そして生きることに誰もが困難を覚える時代が到来している。

しかし、日常生活のそれぞれの場で、自由と民主主義を獲得し実践することを通じて、私たち自身がそうした閉塞を乗り超え、希望の時代の幕開けを告げてゆくことは不可能ではあるまい。そのために、いま求められていること――それは、個と個の間で開かれた対話を積み重ねながら、人間らしく生きることの条件について一人ひとりが粘り強く思考することではないか。その営みの糧となるものが、教養に外ならないと私たちは考える。歴史とは何か、よく生きるとはいかなることか、世界そして人間はどこへ向かうべきなのか――こうした根源的な問いとの格闘が、文化と知の厚みを作り出し、個人と社会を支える基盤としての教養となった。まさにそのような教養への道案内こそ、岩波新書が創刊以来、追求してきたことである。

岩波新書は、日中戦争下の一九三八年一一月に赤版として創刊された。創刊の辞は、道義の精神に則らない日本の行動を憂慮し、批判的精神と良心的行動の欠如を戒めつつ、現代人の現代的教養を刊行の目的とする、と謳っている。以後、青版、黄版、新赤版と装いを改めながら、合計二五〇〇点余りを世に問うてきた。そして、いままた新赤版が一〇〇〇点を迎えたのを機に、人間の理性と良心への信頼を再確認し、それに裏打ちされた文化を培っていく決意を込めて、新しい装丁のもとに再出発したいと思う。一冊一冊から吹き出す新風が一人でも多くの読者の許に届くこと、そして希望ある時代への想像力を豊かにかき立てることを切に願う。

（二〇〇六年四月）

岩波新書より

宗教

岩波新書より

哲学・思想

死者と霊性　末木文美士編
道教思想10講　神塚淑子
マックス・ヴェーバー　今野　元
新実存主義　マルクス・ガブリエル　廣瀬　覚訳
日本思想史　末木文美士
ミシェル・フーコー　慎改康之
ヴァルター・ベンヤミン　柿木伸之
モンテーニュ　人生を旅するための7章　宮下志朗
マキァヴェッリ　鹿子生浩輝
世界史の実験　柄谷行人
ルイ・アルチュセール　市田良彦
異端の時代　森本あんり
ジョン・ロック　加藤　節
インド哲学10講　赤松明彦
マルクス 資本論の哲学　熊野純彦
日本文化をよむ　5つのキーワード　藤田正勝

中国近代の思想文化史　坂元ひろ子
憲法の無意識　柄谷行人
ホッブズ　リヴァイアサンの哲学者　田中　浩
プラトンとの哲学　対話篇をよむ　納富信留
〈運ぶヒト〉の人類学　川田順造
哲学の使い方　鷲田清一
ヘーゲルとその時代　権左武志
人類哲学序説　梅原　猛
加藤周一　海老坂武
哲学のヒント　藤田正勝
空海と日本思想◆　篠原資明
論語入門　井波律子
トクヴィル　現代へのまなざし　富永茂樹
和辻哲郎　熊野純彦
現代思想の断層　徳永　恂
宮本武蔵　魚住孝至
西田幾多郎　藤田正勝
丸山眞男　苅部　直

西洋哲学史　近代から現代へ　熊野純彦
西洋哲学史　古代から中世へ　熊野純彦
世界共和国へ　柄谷行人
悪について　中島義道
神、この人間的なもの◆　なだいなだ
偶然性と運命　木田　元
近代の労働観　今村仁司
プラトンの哲学　藤沢令夫
術語集 Ⅱ　中村雄二郎
マックス・ヴェーバー入門　山之内靖
ハイデガーの思想　木田　元
臨床の知とは何か　中村雄二郎
新哲学入門　廣松　渉
「文明論之概略」を読む　上・中・下　丸山真男
術語集　中村雄二郎
死の思索　松浪信三郎
戦後思想を考える◆　日高六郎
イスラーム哲学の原像　井筒俊彦

岩波新書より

フランス史10講	柴田三千雄
地中海	樺山紘一
韓国現代史◆	文京洙
多神教と一神教	本村凌二
奇人と異才の中国史	井波律子
ドイツ史10講	坂井榮八郎
ナチ・ドイツと言語	宮田光雄
ニューヨーク◆	亀井俊介
離散するユダヤ人	小岸昭
アメリカ黒人の歴史〔新版〕	本田創造
ゴマの来た道	小林貞作
文化大革命と現代中国	安藤正士・太田勝洪・辻康吾
フットボールの社会史	F・P・マグーン Jr／忍足欣四郎 訳
コンスタンティノープル千年	渡辺金一
ペスト大流行	村上陽一郎
ピープス氏の秘められた日記	臼田昭
西部開拓史	猿谷要
中世ローマ帝国	渡辺金一
モロッコ	山田吉彦
シベリアに憑かれた人々	加藤九祚
インカ帝国	泉靖一
中国の隠者	富士正晴
漢の武帝◆	吉川幸次郎
孔子	貝塚茂樹
中国の歴史 上・中・下◆	貝塚茂樹
インドとイギリス	吉岡昭彦
フランス革命小史◆	河野健二
魔女狩り	森島恒雄
ヨーロッパとは何か	増田四郎
世界史概観 上・下	H・G・ウェルズ／長谷部文雄・阿部知二 訳
歴史の進歩とはなにか◆	市井三郎
歴史とは何か	E・H・カー／清水幾太郎 訳
チベット	多田等観
奉天三十年 上・下	クリスティー／矢内原忠雄 訳
ドイツ戦歿学生の手紙	ヴィットコップ編／高橋健二 訳
アラビアのロレンス 改訂版	中野好夫

シリーズ 中国の歴史

中華の成立 唐代まで	渡辺信一郎
江南の発展 南宋まで	丸橋充拓
草原の制覇 大モンゴルまで	古松崇志
陸海の交錯 明朝の興亡	檀上寛
「中国」の形成 現代への展望	岡本隆司

シリーズ 中国近現代史

清朝と近代世界 19世紀	吉澤誠一郎
近代国家への模索 1894-1925	川島真
革命とナショナリズム 1925-1945	石川禎浩
社会主義への挑戦 1945-1971	久保亨
開発主義の時代へ 1972-2014	高原明生・前田宏子
中国の近現代史をどう見るか	西村成雄

現代世界

- ネルソン・マンデラ　堀内隆行
- 日韓関係史　木宮正史
- 文在寅時代の韓国　文京洙
- アメリカ大統領選　久保文明／金成隆一
- イスラームからヨーロッパをみる　内藤正典
- アメリカの制裁外交　杉田弘毅
- ルポ トランプ王国2　金成隆一
- 2100年の世界地図 アフラシアの時代　峯陽一
- フォト・ドキュメンタリー 朝鮮に渡った「日本人妻」　林典子
- サイバーセキュリティ　谷脇康彦
- トランプのアメリカに住む　吉見俊哉
- ライシテから読む現代フランス　伊達聖伸
- ベルルスコーニの時代　村上信一郎
- イスラーム主義　末近浩太
- ルポ 不法移民 アメリカ国境を越えた男たち　田中研之輔

- 習近平の中国 百年の夢と現実　林望
- 日中漂流　毛里和子
- 中国のフロンティア　川島真
- シリア情勢　青山弘之
- ルポ トランプ王国　金成隆一
- ルポ 難民追跡 バルカンルートを行く　坂口裕彦
- アメリカ政治の壁　渡辺将人
- プーチンとG8の終焉　佐藤親賢
- 香港 中国と向き合う自由都市　倉田徹／張彧暋
- 〈文化〉を捉え直す　渡辺靖
- イスラーム圏で働く　桜井啓子編
- 中南海 知られざる中国の中枢　稲垣清
- フォト・ドキュメンタリー 人間の尊厳　林典子
- ㈱貧困大国アメリカ　堤未果
- 女たちの韓流　山下英愛
- 新・現代アフリカ入門　勝俣誠
- 中国の市民社会　李妍焱
- 勝てないアメリカ　大治朋子

- ブラジル 跳躍の軌跡　堀坂浩太郎
- 非アメリカを生きる　室謙二
- ネット大国中国　遠藤誉
- ジプシーを訪ねて　関口義人
- 中国エネルギー事情　郭四志
- アメリカン・デモクラシーの逆説　渡辺靖
- ユーラシア胎動　堀江則雄
- オバマ演説集　三浦俊章編訳
- ルポ 貧困大国アメリカII　堤未果
- オバマは何を変えるか　砂田一郎
- 平和構築　東大作
- ネイティブ・アメリカン　鎌田遵
- アフリカ・レポート　松本仁一
- ヴェトナム新時代　坪井善明
- イラクは食べる　酒井啓子
- ルポ 貧困大国アメリカ　堤未果
- エビと日本人II　村井吉敬
- 北朝鮮は、いま　北朝鮮研究学会編／石坂浩一監訳